CW01390629

como lo oyes

CARLOS G. MEDINA MONTERO

como lo oyes

USOS DEL ESPAÑOL:
TEORÍA Y PRÁCTICA COMUNICATIVA

NIVEL SUPERIOR

INCLUYE SOLUCIONARIO

SGEL

SOCIEDAD GENERAL ESPAÑOLA DE LIBRERÍA, S. A.

Primera edición en el 2001

Produce: SGEL - Educación
Avda. Valdelaparra, 29
28108 ALCOBENDAS (Madrid)

© Carlos G. Medina Montero, 2001
© Sociedad General Española de Librería, S.A., 2001
Avda. Valdelaparra, 29 - 28108 ALCOBENDAS (Madrid)

ISBN: 84-7143-858-5
Depósito Legal: M. 12.370-2001
Printed in Spain - Impreso en España

Cubierta: Carla Esteban
Maqueta: C. Campos

Composición e impresión: Nueva Imprenta, S.A.
Encuaderna: F. Méndez, S.L.

Al error, principio de aprendizaje

CONTENIDO

INTRODUCCIÓN

Como lo oyes es el resultado del trabajo de varios años de enseñanza del español. Aborda los principales temas con los que se encuentra un estudiante en su fase de perfeccionamiento. Nuestro libro se situaría, pues, en un estadio en el que se accede a unos contenidos de lengua que con anterioridad se han analizado de forma o más general o más parcelada, y que ahora son profundizados.

Dicha profundización abarca consideraciones funcionales, semánticas e idiomáticas. Este hecho explica que cada unidad se organice a partir de estos diferentes pilares lingüísticos, creándose una división de tres apartados. Así, una primera parte en la que se examinan aspectos relacionados con la teoría gramatical, una segunda donde se ejercitan éstos, y una tercera en la cual se indagan cuestiones relativas a ampliación de vocabulario o a adquisición de expresiones de la lengua.

Los apartados gramaticales han sido concebidos tanto desde la perspectiva sintética como desde la analítica. Cada unidad se abre con un esbozo en la pizarra de las ideas más relevantes, las cuales pasan a desarrollarse *a posteriori* con mucha más amplitud.

Esta interiorización en el cuerpo de la normativa se complementa con una amalgama de ejercicios en los que la práctica se presenta muy diversificada. Completar textos, corregir errores, finalizar frases, reaccionar ante determinadas situaciones comunicativas son algunas de las actividades que potencian el proceso de aprendizaje.

Por último, la tercera sección cubre el trabajo no menos importante del estudio por un lado de las necesidades semánticas (sinónimos, antónimos, verbos de movimiento…), así como por otro de la fraseología del idioma (frases prepositivas, construcciones de origen taurino, refranes…).

Esperamos, en fin, que los contenidos que te ofrece **Como lo oyes** contribuyan al gusto, difusión, análisis y comprensión del español de una manera positiva.

EL AUTOR

Los pasados

LA PIZARRA

PRETÉRITO PERFECTO

1 Acción finalizada en un periodo temporal que continúa

PRETÉRITO INDEFINIDO

1 Acción finalizada en un periodo temporal que no continúa

PRETÉRITO IMPERFECTO

1 Descripción en el pasado

2 Habitualidad en el pasado

3 Causa

4 Imperfecto interrumpido

5 Imperfecto de cambio

6 Imperfecto de contrariedad

7 Imperfecto mental

8 Cortesía

---

1. Pretérito perfecto

Indica una acción ya realizada, habiéndose producido ésta en un periodo temporal que aún continúa.

> *Este año ha llovido mucho.* (El año aún no ha acabado)
> *Este mes he faltado una vez.* (El mes no ha finalizado)
> *Jamás en mi vida he visto nada igual.* (Mi vida continúa)

11

Por ello, el pretérito perfecto aparece con dos tipos de elementos temporales:

- Los que incluyen el tiempo en el que se habla (esta semana, este año, este mes, hoy…).

  Esta mañana he visitado La Alhambra.
  Este mes he esquiado mucho.

- Los que informan sobre la realización afirmativa o negativa de hechos generales (alguna vez, una vez, dos veces, nunca, todavía no…).

  Todavía no me he examinado.
  He estado en Italia muchas veces.

2. Pretérito indefinido

Expresa una acción realizada, habiéndose producido la misma en un periodo temporal que ya no continúa.

Ayer no hubo partido.
(Ayer ha pasado ya)

La semana pasada me tomé dos días libres.
(Estamos ya en otra semana, en la siguiente)

Las clases se suspendieron en junio.
(Se entiende que ya no es junio)

Así, los elementos temporales del indefinido excluyen el tiempo en el que se habla (ayer, anoche, el verano pasado, el otro día, hace un año…).

El otro día corrí seis kilómetros.
Anoche me atacó un perro.
La conocí hace un año.

A veces, estos elementos se acompañan con el pretérito perfecto a causa de motivaciones emocionales. El hablante se ve emocionalmente todavía dentro de esa vivencia, muy cercano a ella. Se trata de tiempo psicológico.

El año pasado ha muerto mi padre.
Me han dado trabajo hace un mes.

3. Pretérito imperfecto

Posee varios usos.

1. Descripción, sobre:

- Personas (exterior, interior).

  Era altísimo y tenía los ojos azules.
  Era muy introvertido y bastante serio.

- Estados anímicos.

  Estaba muy contento a causa de la noticia.

- Estados de salud.

  Me dolía mucho la cabeza y tenía fiebre.

- Cosas.

  La cama tenía un colchón bastante duro.

- Tiempo cronológico.

  Eran las tres.

- Tiempo meteorológico.

  Llovía muchísimo. También el viento soplaba muy fuerte.

2. Habitualidad. Es información sobre hechos o circunstancias habituales en el pasado, refiriendo a épocas precisas (infancia, etapa universitaria...), o a toda la generalidad pasada (antes).

   Cuando era pequeño, no me gustaba la sopa.
   Cuando tenía diez años, vivía en Madrid.
   Antes fumaba muchísimo.

3. Causa. Señala el porqué de las acciones. Los verbos *ser, estar, tener, haber, querer* y *poder* son los que más emplean este uso.

   No fui porque no tenía ganas.
   Me enfadé porque no estaba.
   Nos quedamos incomunicados porque había mucha nieve.

4. Imperfecto interrumpido. Indica la imposible culminación de un proceso, pues éste es cortado bruscamente por una acción. Dicha acción se expresa con pretérito indefinido o con pretérito perfecto.

   Estaba duchándome y de repente hubo una explosión.
   Paseaba por el parque cuando de pronto me entró un dolor horrible.

5. Imperfecto de cambio. Menciona un cambio en los planes iniciales.

   Se casaban mañana, pero Raúl ha sufrido un accidente.
   El avión salía a la una, pero la salida se demoró dos horas por la niebla.

6. Imperfecto de contrariedad. Destaca el malestar ante un suceso que se produce de forma contraria a la deseada.

   Hoy que me lo sabía, no me pregunta.
   Hoy que podía yo, tú te pones enfermo.

7. Imperfecto mental. Utiliza los llamados verbos de percepción mental *(creer, pensar, imaginar, saber, esperar…)*. Estos verbos van mayoritariamente en imperfecto porque sus significados se relacionan con un antes.

   Lo siento, no lo sabía. (Antes no lo sabía; ahora sí).
   Perdona, pensaba que me tocaba a mí. (Es lo que pensaba antes).

8. Imperfecto de cortesía. Es la forma del pasado para pedir o expresarse con educación en el presente. Sólo lo pueden usar los verbos *querer, llamar, venir* y *desear.*

   Quería un café solo, por favor.
   Llamaba para hablar con Ana.
   Venía a alquilar una bicicleta.
   ¿Qué deseaba?

B EJERCICIOS

a) **Completa con un tiempo del pasado.**

1. *Ayer* (yo, ir) _____ *al cine, pero no me* (gustar) _____
   la película.
2. *Cuando* (yo, tener) _____ *cinco años,* (yo, estar) _____
   todavía en el pueblo.
3. *¿Todavía no* (tú, empezar) _____ *? ¿A qué esperas?*

4. *El reloj* (llevar)   *sin funcionar dos semanas, hasta que lo* (arreglar)   *yo.*

5. *Esta mañana un taxista* (atropellar)   *a un niño que* (cruzar)   *la calle.*

6. *El otro día Juan* (estar)   *muy pesado. No* (hacer)   *más que contar chistes estúpidos.*

7. *Cuando* (nosotros, ser)   *pequeños, siempre nos* (él, atemorizar)   *con la misma historia.*

8. *¿*(Tú, probar)   *alguna vez el gazpacho? Yo lo* (probar)   *ayer por primera vez.*

9. (Él, llorar)   *,* (él, llorar)   *,* (él, llorar)   *, hasta que lo* (yo, coger)   *en brazos.*

10. *No sé lo que a Beatriz le* (pasar)   *esta mañana.* (Ella, estar)   *alicaída.*

11. *Jamás en mi vida* (yo, escuchar)   *nada semejante.*

12. *Durante mi embarazo no* (poder)   *ni oler los huevos. ¡Vaya antojo tan extraño!*

13. *Ayer alguien* (robar)   *el cuadro que* (haber)   *en la biblioteca.*

14. *El control de esta mañana* (ser)   *muy complicado. Creo que no* (yo, acertar)   *ni una respuesta.*

15. *No* (haber)   *forma. El mueble no* (caber)   *por la puerta.*

16. *El año pasado* (haber)   *un déficit de quinientos millones. Por eso, la empresa* (quebrar)   *.*

17. *Este fin de semana* (yo, descansar)   *muy bien. Me* (hacer)   *mucha falta.*

18. *Hoy que* (yo, tener)   *la intención de preguntárselo, no viene.*

19. *La solución* (ser)   *tan fácil que no* (él, fallar)   *.*

20. *Los mineros* (encerrarse)   *porque* (exigir)   *la readmisión de los despedidos.*

21. *Ayer* (nosotros, concluir)   *la clase diez minutos antes. El profesor* (estar)   *mareado.*

22. (Él, asegurar)   una y otra vez que él no (guardar)   las joyas.

23. *La acusación se le* (retirar)   *ayer por falta de pruebas. Esta mañana lo* (ellos, poner)   *en libertad.*

24. (Él, consolidarse)   *como escritor gracias al premio que le* (ellos, conceder)   *este año.*

25. *El fuego que* (declararse)   *ayer,* (propagarse)   *muy rápidamente.*

26. (Yo, cancelar)   *el viaje la semana pasada, porque el tiempo no* (acompañar)   .

27. (Yo, venir)   *para recoger las entradas.*

28. (Él, esconder)   *malas intenciones. Menos mal que me lo* (ellos, advertir)   *hoy.*

29. (Yo, ausentarse)   *de la fiesta de anoche, porque* (yo, estar)   *preocupado.*

30. (Yo, dormir)   *cuando de repente un sonido fortísimo me* (despertar)   .

31. *Esa experiencia* (influir)   *mucho en su vida. La* (cambiar)   *bastante.*

32. *No me* (yo, esperar)   *esa reacción. Me* (él, sorprender)   *gratamente.*

33. *Luis* (reventar)   *por decirlo. Al final lo* (hacer)   .

34. *La celebración* (realizarse)   *mañana, pero* (posponerse)   *un día por motivos que desconozco.*

35. *Precisamente ayer que* (jugar)   *España, la televisión* (averiarse)   .

36. *Yo* (creer)   *que lo* (saber)   *, pero no* (ser)   *así.*

37. *Cristina* (librarse)   *por muy poco, porque ya le* (tocar)   .

38. *No le* (gustar)   *la idea. Por eso, mi padre* (oponerse)   *hoy desde un principio.*

39. *Esta mañana* (yo, devolver)   *los pantalones, porque me* (quedar)   *estrechos.*

40. *Siempre me* (caer)   *mal Jesús. Es un pretencioso.*

41. *La casa* (tener)   *mucha luz y vistas. Un bosque la* (rodear)   .

42. *La bañera* (rebosar)   *de agua en el momento en el que yo afortunadamente* (entrar)   .

43. *Yo ya* (suponer)   *el final. No* (haber)   *muchas posibilidades de producirse de otra forma.*

44. *Alberto* (salir)   *para ver qué* (pasar)   .

45. *Toda la vida* (tú, ser)   *un niño mimado.*

46. *Cada vez que* (él, acercarse)   , (yo, ponerse)   *nervioso.*

47. *Hoy que* (yo, traer)   *la tarea, no me la* (él, pedir)   .

48. (Pasar)   *ya cinco minutos, cuando el árbitro* (pitar)   *el final del partido.*

49. *Nunca antes* (yo, reír)   *tanto como ahora con esta historia.*

50. (Ellos, llevarse)   *como el perro y el gato. Por eso,* (ellos, dejar)   *la relación esta semana.*

b)   **Texto. Completa con un tiempo del pasado.**

Esta mañana (yo, encontrarse)   *a mi primer profesor de natación.* (Yo, llevarse)   *una gran alegría. Nos* (nosotros, tomar)   *un café y* (nosotros, recordar)   *viejos tiempos.* (Nosotros, mantener)   *una conversación muy emotiva.*

Me (él, preguntar)   *si* (yo, recordar)   *lo que* (yo, llorar)   *cada vez que* (yo, entrar)   *en el agua.*

Me acuerdo muy bien. (Yo, tener)   *pánico. Muy poco a poco lo* (yo, vencer)   . *Gracias a Nacho. Me* (él, ayudar)   *mucho.* (Él, ser)   *un gran profesor. Me* (explicar) _____ siempre con mucha paciencia cómo (yo, deber) _____ poner los brazos, cómo (yo, deber) _____ mover las piernas, cómo (haber) _____ que tirarse de cabeza...

Además, le estaré infinitamente agradecido. Un día (yo, tener) _____ un accidente en la piscina. (Yo, pensar) _____ que (yo, ahogarse) _____. Nacho me (sacar) _____ del agua y me (hacer) _____ el boca a boca. Creo que me (salvar) _____ la vida.

Así que (ser) _____ una mañana muy agradable. (Nosotros, quedar) _____ en vernos otro día para salir de tapas o por qué no para nadar.

c) Texto. Completa con un tiempo del pasado.

Anoche (yo, tener) _____ un sueño muy extraño. (Yo, estar) _____ en mi casa. (Yo, encontrarse) _____ solo. (Yo, coger) _____ un libro que (titularse) _____ «Sé agua». (Yo, empezar) _____ a pasar las primeras hojas, pero todas (estar) _____ vacías. La sensación al principio (ser) _____ de extrañeza. Después, angustia. Cada vez (yo, pasar) _____ más rápidamente las páginas, pero sólo (haber) _____ páginas en blanco. (Yo, intentar) _____ hablar con Ana. Su teléfono no (hacer) _____ más que comunicar. (Yo, decidir) _____ dejar la casa porque (yo, necesitar) _____ contárselo a alguien.

(Yo, entrar) _____ en un bar en el que (beber) _____ cerveza un montón de palabras borrachas. (Yo, tomar) _____ un taxi. Lo (conducir) _____ la palabra ¿Te llevo? Me (yo, bajar) _____ de él en plena marcha. Durante unos minutos me (perseguir) _____ las palabras No has pagado. Me (yo, deshacerse) _____ de ellas, colándome en un local de jazz. Apenas (yo, ver) _____ a causa del humo. Sólo (yo, oír) _____ una música lejana de saxofón que (yo, seguir) _____ hasta tropezar con un gran obstáculo. (Ser) ████████████ el escenario donde una orquesta de canosas palabras (fumar) ████████████ y (tocar) ████████████ el tema «Celos» de Cole Porter.

(Yo, despertarse) ████████████ esta mañana justamente en el momento en el que ¿Vienes mucho por aquí? me (guiñar) ████████████ un ojo y me (sacar) ████████████ a bailar.

Nada más llegar a la oficina, se lo (yo, contar) ████████████ todo a mis compañeros de trabajo. Me (ellos, decir) ████████████ que necesito urgentemente unas buenas vacaciones. ¿Quién sabe? Quizás hasta tengan razón.

C QUÉ ME CUENTAS

Frases idiomáticas. Elige una de las posibilidades para darles sentido.

1. *Yo no pude pegar ojo por la tormenta, pero mi mujer durmió toda la noche* ████████████ .

   a) a sabiendas
   b) a pierna suelta
   c) a tontas

2. *Todos los fines de semana vuelve a casa* ████████████ .

   a) a las tantas
   b) a oscuras
   c) a las primeras de cambio

3. *Lo mejor es no* ████████████ . *Dile claramente tu opinión.*

   a) dar en el clavo
   b) andarse con rodeos
   c) llamar al pan pan

4. *No dejo de pensar en Ana.* _____ *por ella.*

    a) no tengo remedio

    b) hago pie

    c) bebo los vientos

5. *Los comentarios eran tan ofensivos que los* _____.

    a) puse por las nubes

    b) mandé a freír espárragos

    c) envié a por manzanas

6. *¡Vaya bienvenida! Me recibieron* _____.

    a) a bombo y platillo

    b) a capa y espada

    c) con pelos y señales

7. *No sé qué hacer. Estoy* _____.

    a) entre bromas y veras

    b) entre Pinto y Valdemoro

    c) entre uno y otro

8. *Este asunto me preocupa mucho. Hace un mes que* _____.

    a) me trae de cabeza

    b) me trae sin cuidado

    c) me toma a risa

9. *Creo que se trata de una burla. Nos* _____.

    a) da un baño

    b) toma el pelo

    c) abre la mano

10. *Sentí muchísimo dolor. De veras,* _____.

    a) vi el cielo abierto

    b) vi las estrellas

    c) vi la osa mayor.

Ser y estar

A LA PIZARRA

SER:	SER:	SER:	SER:
Permanece (Siempre)	Primer significado	Cantidad (Mucho, poco, demasiado)	Actividad social
ADJETIVOS	ADJETIVOS DOBLE SIGNIFICADO	ADVERBIOS	ATENCIÓN, OJO
ESTAR:	ESTAR:	ESTAR:	ESTAR:
No permanece (Ahora)	Segundo significado	Bien, mal	Localización

1. Simpático, alegre, triste, elegante, nervioso, antipático… La diferencia para los adjetivos de este tipo es la cualidad de permanente frente a la cualidad de momentáneo.

   Soy nervioso. (característica permanente)
   Estoy nervioso a causa del examen. (momentáneo)

Su novio es muy simpático. (permanente)
Su novio está muy simpático hoy. (momentáneo)

2. Rico, verde, negro, católico, limpio, delicado… Son algunos ejemplos de adjetivos de doble significado. En ellos, la diferencia es semántica. Con *ser* significan
algo muy diferente que con *estar*.

Soy rico. (= tengo mucho dinero)
La sopa está rica. (= sabor)

Soy verde. (= soy ecologista)
Estoy verde. (= no tengo suficiente experiencia)

Otros adjetivos de doble significado:

	Ser	=	• color
			• raza
Negro			
	Estar	=	• enfadado

	Ser	=	• profesar la religión católica
Católico			
	Estar	=	• usado negativamente significa no encon-trarse físicamente bien una persona
			• también en un uso negativo denota un resultado negativo en la realización de una determinada actividad

	Ser	=	• higiénico
Limpio			
	Estar	=	• resultado de limpiar algo o de lavarse
			• no tener dinero

Delicado	Ser	=	• fino (hablando de los modales de una persona) • exigente (hablando de alguien que exige mucho en relación a lo recibido) • frágil (hablando de algo fácil de romperse por su fragilidad)
	Estar	=	• tener la salud frágil

Vivo	Ser	=	• dinámico
	Estar	=	• tener vida, vivir

Atento	Ser	=	• amable
	Estar	=	• prestar atención

Bueno	Ser	=	• persona con bondad • producto de buena calidad
	Estar	=	• sano • persona atractiva • buen sabor

Malo	Ser	=	• persona con maldad • producto de mala calidad • algo perjudicial (uso en tercera persona)
	Estar	=	• enfermo • mal sabor • podrido o pudriéndose un producto perecedero

	Ser	=	• aburrido
Muerto			
	Estar	=	• sin vida, no vivir

	Ser	=	• vivo, ágil de mente
Despierto			
	Estar	=	• no dormir

	Ser	=	• soberbio, comportarse con orgullo o soberbia
Orgulloso			
	Estar	=	• contento o satisfecho de algo o de alguien; sentir orgullo de algo o de alguien

	Ser	=	• tener gravedad, importancia (hablando de actos o de hechos)
Grave			
	Estar	=	• muy enfermo

	Ser	=	• inteligente
Listo			
	Estar	=	• preparado • en exclamación significa que no se va a hacer algo que quizá otros piensan que se va a producir

	Ser	=	• pasivo, sin iniciativa
Parado			
	Estar	=	• sin trabajo • inmóvil, sin movimiento

3. La información de cantidad va siempre con *ser*. Y CUIDADO: «bien» y «mal» sólo pueden llevar «estar».

> *Con tres horas al día es suficiente.*
> *Un millón por ese coche es demasiado.*

> *La película está muy bien.*
> *El tiempo ahora está muy mal.*

4. Mucho OJO: hay que distinguir entre la actividad que sucede (*ser*) y el lugar donde se desarrolla (*estar*).

> *La fiesta es en mi casa.*
> *Mi casa está en el centro.*

> *La conferencia es en el salón.*
> *El salón está abajo.*

> *El examen es en el aula dos.*
> *El aula dos está al final del pasillo.*

B) EJERCICIOS

a) **Completa con *ser* o *estar*.**

1. *La herida no _____ nada. Como mucho _____ dos puntos de sutura.*
2. *Ana generalmente _____ muy amable, pero hoy _____ ____ intratable.*
3. *Date prisa. El semáforo _____ todavía verde.*
4. *El pan _____ tierno, recién hecho.*
5. *Hoy los bares _____ vacíos porque hay fútbol.*
6. *La exposición fotográfica _____ en el Palacio de Carlos V. Me han dicho que _____ muy bien.*
7. *_____ furioso. _____ la segunda vez que me roban el coche.*

8. La vida en Granada _____ fantástica. ¿Dónde puedo _____ _____ mejor que aquí?

9. Estudiar dos horas diarias _____ suficiente.

10. Hay muchos españoles que no _____ aficionados a los toros, y que además _____ en contra de ellos.

11. Mi equipo de fútbol _____ último en la clasificación, pero la competición _____ muy larga.

12. Con lo que ha llovido, los pantanos _____ llenos hasta rebosar.

13. Hace cosas muy extrañas. Creo que no _____ bien de la cabeza.

14. Normalmente sus ideas no _____ tontas, pero lo que propuso ayer no tiene ni pies ni cabeza.

15. Con la chaqueta y la corbata, José _____ muy guapo. _____ raro verlo así, porque normalmente _____ muy despreocupado para vestir.

16. La lentitud de la burocracia _____ desesperante. _____ _____ cansado de tanto esperar.

17. Fumas mucho. Dos paquetes _____ demasiado. Dentro de poco, vas a _____ muy mal.

18. Los próximos campeonatos _____ en Francia.

19. Aunque esta noche _____ muy abierto, normalmente _____ muy introvertido.

20. Si sigues bebiendo, vas a _____ borracho muy pronto. Y ya sabes que borracho _____ insoportable.

21. Me gustan sus clases. _____ divertidas. El tiempo pasa muy rápido.

22. Hoy _____ soleado, pero parece que mañana va a _____ _____ nublado.

23. El salario no _____ muy alto, aunque de momento _____ _____ contento con el trabajo.

24. Tiene tantas deudas que _____ en números rojos. Por eso, su apariencia _____ lamentable desde hace un tiempo.

25. El concierto _____ un desastre, porque el sonido _____ _____ inaudible.

26. Por hoy ya   bastante. La clase   mañana en el aula de diapositivas.

27. «El Mundo»   un periódico muy crítico con el gobierno. Sus investigaciones demuestran que hay políticos que   deshonestos.

28. Las cervezas   en el frigorífico desde ayer. Seguro que   frías.

29. Mi coche   lento pero seguro.

30.   irreconocible. Se ríe, gasta bromas, participa...

b) Adjetivos de doble significado. **Utiliza *ser* o *estar* según sus sentidos.**

1. No vino a clase porque   malo.
2. La paella de ayer   muy buena.
3. Tiene cuatro Mercedes. Creo que   muy rico.
4. Nunca tiene problemas con las matemáticas.   muy listo.
5.   negro. Hoy no me sale nada bien.
6. Los españoles mayoritariamente   católicos, aunque no practican.
7. Hace todo lo que le dice la madre.   muy bueno.
8. Explica de forma un tanto rara. Pienso que aún   verde.
9. Normalmente necesita una hora en el cuarto de baño para   listo.
10. La luz está encendida. Todavía   despierto.
11. Ayer jugando al tenis no   muy católico. Fallaba todo.
12. Aprende muy rápidamente.   muy despierto.
13. Siempre bostezo en sus clases. Es que   un muerto.
14. Desde la operación   muy delicado.
15. No puedo comprármelo.   limpio.
16.   viva de milagro después del accidente.
17. Desgraciadamente hay muchos jóvenes que   parados, encontrándose desesperados por esta situación.
18. Cuando mi padre vea las notas,   muy orgulloso de mí.
19. ¿Crees que voy a perdonarle?   lista.

20. _____ muy atento. Siempre que lo invitamos a comer, le trae flores a mi madre.

21. Hace ya cinco años que mis abuelos _____ muertos.

22. ¡Qué delicado _____ ! Dice que no se come la carne porque el filete le parece poco hecho.

23. El incidente de esta mañana en la oficina _____ bastante grave.

24. _____ demasiado orgulloso como para reconocer su error.

25. La chaqueta ya _____ limpia.

c) **Texto. Completa con *ser* o *estar*.**

El examen _____ la semana pasada. _____ muchos los contenidos que entraban. Para _____ más exactos, treinta temas. Desde La Celestina hasta El Quijote. Suspender _____ algo muy grave. Me quedaré sin vacaciones de Navidad. _____ una lástima, porque tengo muchas ganas de esquiar.

Desde muy niño, mis padres _____ orgullosos de mí. Ellos me educaron para _____ responsable y paciente. Sin embargo, me he dado cuenta con el tiempo de que esta educación _____ demasiado severa en algunas ocasiones. No _____ bien tanta presión. No _____ bueno inculcar a edades tan tempranas valores como los de la competencia. Mi padre sólo _____ alegre, cuando yo _____ el mejor. Hasta los días que _____ malo, me hacía ir a la escuela.

Todo esto lo cuento para que comprendáis mi preocupación por el examen, sabiendo cómo _____ mis padres.

Me salió mal. _____ difícil y, además, yo no _____ muy católico. Escribí que el autor de El Quijote _____ Shakespeare y que _____ la historia de amor entre dos hombres, uno alto y delgado y otro bajo y gordo.

_____ seguro de que suspenderé. Recibo las notas la próxima semana. ¿Cómo _____ ? Triste y mentalizado. Mentalizado al adiós nieve, adiós montañas y adiós atardeceres maravillosos.

d) Texto idiomático: «Una azafata muy coloquial». Completa con *ser* o *estar*.

Me gusta currar de azafata. Me flipa cantidad, particularmente porque te permite observar el variadísimo comportamiento humano. Ideal para alguien que como yo empolló tanta psicología en la Universidad. No llevo volando muchos años, pero ya he vivido curiosísimas situaciones. Sin ir más lejos, el mismo viernes pasado tuvimos un viaje movidito.

Al principio del vuelo un pasajero me preguntó por el baño. Yo le respondí: «_____ a tiro de piedra». Me miró muy extrañado. Quizás esperaba de una azafata un español de más altura.

Como siempre el avión _____ a tope, y como siempre también cada pasajero _____ un mundo. Había uno que _____ como una cabra. No hacía más que cantar mariachis, en perfecto mandarín según él. Otro que _____ en las nubes completamente sin prestar ninguna atención a nuestras instrucciones. Poder satisfacer a cada viajero no _____ coser y cantar como se piensa.

Un poco más tarde _____ de cháchara en la cabina, cuando de repente una azafata entró superalterada porque en la fila 66 había un hombre que _____ un monumento. ¡_____ el vivo retrato de Richard Gere!

Así, cotilleando un poco sobre los pasajeros se pasan más rápidos los vuelos y se lleva mejor esta profesión en la que siempre todo _____ por las nubes.

(C) QUÉ ME CUENTAS

Frases idiomáticas con *estar*. Elige una de las tres opciones para explicar sus significados.

1. Todas mis amigas dicen que Antonio Banderas *está como un tren.*

   a) tiene mucho dinero
   b) tiene una colección de trenes
   c) es muy atractivo

2. *Miguel está como una regadera.*

    a) está loco
    b) está solo
    c) está asustado

3. *Algo le ha pasado porque está de mala uva.*

    a) tiene muy mal humor
    b) la fruta le sienta mal
    c) está confundido

4. *No pudimos entrar en el bar porque estaba de bote en bote.*

    a) había demasiadas botellas
    b) estaba cerrado
    c) estaba lleno

5. *Desde su ascenso, está como unas castañuelas.*

    a) gasta más dinero
    b) está muy alegre
    c) tiene menos problemas

6. *La película no está ni fu ni fa.*

    a) no está ni bien ni mal
    b) no tiene argumento
    c) no es ni divertida ni seria

7. *Voy poco a la biblioteca, porque está en el quinto pino.*

    a) está en el bosque
    b) está muy lejos
    c) está muy mal de libros

8. *Estoy pez en informática totalmente.*

    a) no sé nada de informática
    b) me gusta la informática
    c) odio la informática

9. *Debo tomar una decisión ya, pero todavía estoy hecho un lío.*

    a) estoy preocupado
    b) estoy sin energías
    c) estoy confuso

10. *Cuéntamelo ya porque estoy en ascuas.*

    a) estoy impaciente
    b) estoy sin dinero
    c) tengo prisa

Ser y *estar* con participio

SER + PARTICIPIO	ESTAR + PARTICIPIO
↕	↕
ACCIÓN	RESULTADO
1 **Verbos imperfectivos** *(conocer, saber, querer…)*	**1** **Verbos perfectivos** *(abrir, cerrar, cortar…)*
2 **Verbos perfectivos** A. Acción habitual B. Acción en su momento	**2** **Verbos reflexivos** *(enamorarse, enfadarse…)*

1. Los participios de los llamados verbos imperfectivos, esto es, verbos de duración semántica muy amplia, sólo pueden construirse con *ser*. De ellos, sobresalen especialmente los de contenido sentimental. Así: *amar, odiar, respetar, adorar, apreciar, desear, venerar, estimar, aborrecer…*

> *En nuestra empresa la puntualidad es muy apreciada.*
> *No conozco las razones, pero sí sé que es muy odiado.*

2. Los participios de los llamados verbos perfectivos, esto es, verbos de duración semántica corta, se construyen más frecuentemente con *estar,* ya que suelen expresar resultado.

Las tiendas están abiertas.
La carretera está cortada.

Sin embargo, hay dos casos en los que optan por *ser:*

A. Cuando la información es sobre una acción habitual.

En España las tiendas son abiertas a las diez.
En este restaurante la carne es preparada a la brasa.

B. Cuando la información se ve en su mismo momento de realización.

En este momento son inaugurados los Juegos Olímpicos.
En este momento es investido Presidente Alberto Fujimori.
(Ejemplos tomados de retransmisiones en directo por radio o televisión).

3. Los participios de los verbos reflexivos se construyen con *estar* de forma siste-
mática.

Estoy enamorado.
Estoy deprimido.
Estoy desorientado.

4. La solución viene dada en otras ocasiones por algunos elementos que determi-
nan la presencia de *ser* o de *estar*. Por ejemplo, *ya* y desde eligen *estar*.

Los cuadros ya están vendidos.
Las entradas ya están agotadas.

La televisión está encendida desde las dos.
Su inocencia está demostrada desde hace mucho tiempo.

Ahora bien, si la oración incluye el complemento agente o un elemento temporal
(ayer, anoche, normalmente, con frecuencia, la semana pasada, hace + cantidad
de tiempo...) aparece *ser*.

La manifestación fue disuelta por la policía.
Un taxista fue atracado por dos jóvenes.

Fueron detenidos anoche.
Fueron absueltos la semana pasada.

Muy importante: si la misma oración cuenta con un elemento temporal y también con *desde,* prevalece la preposición. En otras palabras, prevalece *estar.*

Están detenidos desde anoche.
Están absueltos desde la semana pasada.

B EJERCICIOS

a) Completa con *ser* o *estar.*

1. Sabes perfectamente que   muy querido.
2.   convencido por mi padre esta mañana.
3.   obstinado en organizar la fiesta él.
4. Entre nosotros   bastante apreciado.
5. Nuestra idea   rechazada por la dirección.
6. Esta cuestión siempre   planteada todos los años por estas fechas.
7. Hasta mañana   alojado en el hostal Carmen.
8. La estufa   encendida desde esta mañana.
9. La manifestación   disuelta con violencia por la policía.
10. Aquí normalmente la carne   preparada así.
11. El regalo   escondido en el armario.
12. La mesa   puesta y la sangría ya   hecha.
13.   atacados y golpeados anoche.
14. Su función   limitada a la parcela económica.
15. Sus opiniones   consideradas por parte de sus rivales políticos como constantemente provocadoras.
16. El problema   resuelto definitivamente ayer.
17. Cuando lo conoces, comprendes por qué   tan deseado.
18. En este momento la cinta   cortada por el ministro de Sanidad.
19. El presunto homicida   juzgado ayer.

20. *Pienso que* _____ *demasiado pintado.*

21. _____ *harto de sus bromas pesadas.*

22. *Es normal que* _____ *tan odiado por sus alumnos.*

23. *Su labor* _____ *criticada con mucha frecuencia.*

24. *La noticia* _____ *difundida esta mañana.*

25. *El fuego finalmente* _____ *controlado ayer.*

26. *La manifestación* _____ *permitida por el alcalde de Bilbao.*

27. *Acabo de llegar. Por eso todavía* _____ *desorientado un poco.*

28. _____ *destrozado desde la pérdida de su padre.*

29. *Que la tierra se mueve* _____ *demostrado desde hace mucho tiempo.*

30. *Tú también* _____ *asustado, si te hubiera amenazado.*

31. *Nuestra empresa* _____ *conocida por su seriedad.*

32. _____ *detenidos desde anoche.*

33. *Los niños* _____ *recogidos por su madre.*

34. *El barco* _____ *hundido a doce kilómetros de la costa.*

35. *La emisión de la película* _____ *autorizada ayer.*

36. _____ *inscrito para hacer el curso de tango.*

37. *Los platos* _____ *hechos y pintados manualmente a menudo.*

38. *En este momento* _____ *coronado rey de España, Juan Carlos I.*

39. _____ *decidido a mejorar, cueste lo que cueste.*

40. *Tienen descanso hasta que* _____ *reclamados por el entrenador.*

41. *La ley que regula el aborto* _____ *modificada recientemente.*

42. *La cosecha* _____ *recogida anualmente por estas fechas.*

43. *El fuego* _____ *provocado por algún desalmado.*

44. *No* _____ *capacitado de momento para tomar esas decisiones.*

45. *Reparte las cartas porque ya* _____ *barajadas.*

46. *Mi vecina* _____ *felicitada cada dos por tres por su empresa.*

47. _____ *avergonzado por lo sucedido.*

48. *La carretera* _____ *cortada por los trabajadores de Iberia.*

49. *Los resultados* _____ *analizados una vez por mes.*

50. _____ *interesada en todo lo relacionado con la pintura.*

Texto. Completa con *ser* o *estar*.

El lugar donde _____ secuestrado el hijo del conocido cantante flamenco El Perejil, _____ descubierto casualmente por el guardia forestal Eugenio Almohalla.

Eugenio Almohalla ha declarado a nuestro periódico que a causa de que la calzada por la que circulaba _____ muy mojada, su todoterreno se salió en una curva, lo que le ocasionó el pinchazo de una de las ruedas. Como también la rueda de repuesto _____ pinchada, decidió internarse en el bosque para buscar ayuda. En pleno monte _____ sorprendido por una tormenta que le obligó a refugiarse en una cueva próxima. Allí se hallaban los secuestradores, circunstancia de la que se percató inmediatamente. Se escabulló de la cueva con sigilo, consiguiendo avisar a la policía nada más llegar al pueblo más cercano.

Seis horas después El Perejillo _____ liberado. Afirmó _____ _____ muy fatigado, pero tranquilo.

Los secuestradores _____ detenidos, no ofreciendo ninguna resistencia. La operación aún _____ abierta, y todas las medidas _____ tomadas por la policía para arrestar a otros posibles miembros que _____ huidos desde ayer.

Eugenio Almohalla _____ condecorado por el Ministerio del Interior con su mayor distinción. La familia Perejil asimismo, le _____ tan agradecida, que _____ dispuesta a ofrecer una serie de recitales a beneficio de diferentes organizaciones sociales.

c)   **Di si las siguientes frases son correctas.**

1. *Está creído por todos que mañana hay huelga.*
2. *Su nariz está operada.*
3. *Está frustrado por su acento.*
4. *Está sobresaltado a causa de la noticia.*
5. *Ha sido llamada a declarar por el juez.*
6. *Es prohibido desde el año pasado fumar en lugares públicos.*
7. *La puerta estuvo destrozada por algún animal.*

8. *La tele es rota desde ayer.*

9. *Los platos ya están fregados.*

10. *Ya no está considerado como alguien honesto.*

11. *Los toreros están muy a menudo cogidos por el toro.*

12. *Las entradas ya están agotadas.*

13. *Es adulado con demasiada frecuencia.*

14. *Soy entregado en cuerpo y en alma a mi profesión.*

15. *Está demasiado perfumado.*

16. *No está permitido el uso de cámaras fotográficas.*

17. *La basura está recogida todos los días a la una.*

18. *Fue golpeado con inusitada violencia.*

19. *No está todavía convencido.*

20. *Ha sido admitido otra vez.*

C QUÉ ME CUENTAS

Frases idiomáticas con *ser*. Elige una de las tres soluciones para explicar sus sentidos.

1. *Luis es muy suyo.*

    a) es muy egoísta
    b) es muy simpático
    c) es muy particular por raro

2. *Es el vivo retrato de su madre.*

    a) es muy parecido a su madre
    b) es muy fotogénico
    c) su madre es fotógrafa

3. *Es un cero a la izquierda en la oficina.*

    a) es alguien sin importancia o influencia
    b) es quien lleva las cuentas
    c) es alguien muy cercano al jefe

4. *Juana es de lo que no hay.*

   a) Juana no existe
   b) Juana es muy amable
   c) no hay personas como Juana

5. *Preparar una buena paella es coser y cantar.*

   a) es dificultoso
   b) es normal
   c) es muy fácil

6. *Ana y María son uña y carne desde la Universidad.*

   a) son bastante compañeras
   b) son muy parecidas
   c) son muy buenas amigas

7. *Después de ver a su novio, sé que no es para tanto.*

   a) no es para desmayarse
   b) no es tan fantástico o maravilloso como exageradamente nos habían dicho
   c) no hay tantos novios así

8. *Que no se haga la cama es el pan nuestro de cada día.*

   a) es habitual que no se haga la cama
   b) es raro que no se haga la cama
   c) es normal que coma en la cama

Oraciones independientes

A LA PIZARRA

DUBITATIVAS

1 *Igual*
Lo mismo } = Indicativo
A lo mejor

2 *Quizás*
Tal vez   Indicativo (menos duda)
Posiblemente } =   o
Probablemente   Subjuntivo (más duda)
Acaso

3 *Puede (ser) que* = Subjuntivo

DESIDERATIVAS

1 *Que*   = Subjuntivo (sólo presente)

2 *Ojalá (que)*   = Subjuntivo (todos los tiempos)

3 *Así*   = Subjuntivo (todos los tiempos)

4 *Quién*   = Subjuntivo (sólo imperfecto o
                                pluscuamperfecto)

1. Oraciones dubitativas.

Igual / Lo mismo / A lo mejor. Van siempre con indicativo.

> *Igual llama mañana.*
> *Lo mismo aparece hoy sin avisar.*
> *A lo mejor se enfadó por la broma.*

Quizás / Tal vez / Posiblemente / Probablemente / Acaso. Pueden llevar indicativo o subjuntivo, siendo la diferencia el grado de duda de lo expresado.

> *Posiblemente fue él.* (indicativo = menos duda)
> *Posiblemente fuera él.* (subjuntivo = más duda)

> *Quizás se equivocó.*
> *Quizás se equivocara.*

> *Tal vez miente.*
> *Tal vez mienta.*

Puede (ser) que. Emplea siempre subjuntivo.

> *Puede ser que le escriba.*
> *Puede que no se diera cuenta.*

2. Oraciones desiderativas.

Que. La peculiaridad de este recurso se encuentra en su función de transmisor de deseos normalmente bienintencionados en contextos comunicativos muy socializados (bodas, restaurantes, hoteles...). Esta circunstancia explica su uso exclusivo en presente de subjuntivo, ya que al tiempo el hablante pretende manifestar la alta probabilidad que para él tiene el cumplimiento de dichos deseos.

> *¡Que seáis felices!*
> *¡Que aproveche!*
> *¡Que tengan una buena estancia!*

Ojalá (que). Subjuntivo siempre. La elección de los tiempos depende del grado de probabilidad con el que se ve la realización del deseo. Así:

— Para contextos de presente o de futuro:

• Presente de subjuntivo = deseos probables.

Ojalá sea él.
Ojalá quiera.

- Imperfecto de subjuntivo = deseos improbables.

    Ojalá fuera él.
    Ojalá quisiera.

— Para contextos de pasado:

- Perfecto de subjuntivo = deseos que todavía no sabemos si se han cumplido.

    Ojalá hayas aprobado.
    Ojalá ya hayan llamado.

- Pluscuamperfecto = deseos sobre hechos que ya son imposibles de cambiar.

    Ojalá hubieras aprobado.
    Ojalá hubieran llamado.

Así. Los deseos formulados con este elemento se caracterizan por sus contenidos malévolos o de maledicencia hacia otras personas. Los tiempos verbales siguen la misma norma que con *«ojalá».*

    ¡Así lo parta un rayo!
    ¡Así lo hayan secuestrado!
    ¡Así lo pillara un tren!
    ¡Así se le hubiera quemado la casa!

Quién. Expresa deseos pensados únicamente para el yo. La construcción permite sólo imperfecto o pluscuamperfecto, dado el carácter fantasioso o quimérico de dichas formulaciones.

    ¡Quién fuera rico!
    ¡Quién tocara la guitarra como Tomatito!
    ¡Quién hubiera tenido tanta suerte ayer!

a) **Pon los tiempos y modos adecuados.**

1. *A lo mejor* (llover)   *mañana.*
2. *Quizás* (él, retrasarse)   *por culpa del tráfico.*
3. *Puede que no le* (satisfacer)   *, pero no comentó nada.*
4. *Tal vez nos* (ellos, contestar)   *esta tarde.*
5. *Puede que* (ser)   *así, pero debo asegurarme.*
6. *Quizás no* (funcionar)   *por el golpe de ayer.*
7. *A lo mejor* (yo, aceptar)   *su invitación.*
8. *Tal vez lo* (él, pensar)   *mejor, y por eso aún no ha llegado.*
9. *No es posible gastar tanta agua en un mes. Puede que el contador* (estar)   *averiado.*
10. *A lo mejor me* (ellos, quitar)   *la escayola mañana.*
11. *Quizás* (yo, elegir)   *francés en vez de inglés.*
12. *Tal vez lo de ayer* (ser)   *sólo un malentendido.*
13. *No lo tires. Puede que me* (servir)   *.*
14. *A lo mejor la semana próxima* (yo, subir)   *a esquiar.*
15. *Puede que* (ellos, estar)   *fuera, porque no cogen el teléfono.*
16. *Quizás* (tú, deber)   *explicárselo.*
17. *Puede que me* (ellos, ascender)   *.*
18. *A lo mejor* (él, estar)   *, pero no coincidimos.*
19. *A lo mejor* (yo, animarse)   *. Ya veremos.*
20. *Tal vez lo* (yo, convencer)   *pero no estoy nada seguro.*
21. *Igual me* (yo, decidir)   *a dar clases de flamenco.*
22. *Puede que anoche te* (sentar)   *mal la cena.*
23. *Probablemente me* (ellos, trasladar)   *el próximo año a Cádiz.*
24. *Lo mismo me* (yo, pasar)   *por tu casa esta tarde.*
25. *Puede que ayer* (él, escuchar)   *lo que dije sobre él.*

b) Pon los tiempos y modos adecuados.

1. ¡Ojalá no (ser)   cierto!

2. ¡Ojalá (vivir)   en esa casa!

3. ¡Así (él, arruinarse)   y (él, quedarse)
   sin nada!

4. ¡Que te (ser)   leve!

5. ¡Ojalá me (él, regalar)   lo que quiero!

6. ¡Quién (estar)   en su lugar!

7. ¡Ojalá ayer (caer)   el tema ocho!

8. ¡Que Dios (bendecir)   esta unión!

9. ¡Así les (diluviar)   y se les (fastidiar)
   la idea!

10. ¡Ojalá lo (yo, ver)   mientras visitaba su ciudad!

11. ¡Así le (salir)   un callo que no le dejara andar!

12. ¡Quién (llevar)   esa vida!

13. ¡Ojalá le (ellos, publicar)   el libro!

14. ¡Ojalá me (dar)   clase la semana pasada Luis!

15. ¡Que me (tú, dejar)   en paz!

16. ¡Así se le (inundar)   la casa!

17. ¡Quién (estar)   ahora en el Caribe!

18. ¡Ojalá no lo (ellos, vender)   todavía!

19. ¡Así le (sentar)   mal la comida y (él, tener)
         que quedarse en la cama un mes!

20. ¡Que (vosotros, tener)   un buen viaje!

21. ¡Así le (doler)   las muelas tres meses seguidos!

22. ¡Ojalá (resolverse)   todo muy pronto!

23. ¡Quién (tener)   tanta suerte como él!

24. ¡Ojalá (yo, equivocarse)   sobre el responsable de los
    robos!

25. ¡Quién (aprovechar)   esa oportunidad entonces!

c) **Expresa un deseo para cada situación.**

1. *Tu perro ha desaparecido.*
2. *Mañana tu equipo de fútbol juega la final.*
3. *Llamas a la radio para participar en un sorteo.*
4. *Hoy recoges los resultados del análisis del test de embarazo.*
5. *Has perdido una dirección importante.*
6. *El coche del profesor no está en el aparcamiento de la escuela.*
7. *No has estudiado nada. Hoy hay un control oral.*
8. *Mañana se casa un amigo.*
9. *Ayer fue tu cumpleaños.*
10. *Estás esperando una llamada telefónica muy importante. Suena el teléfono.*
11. *Dentro de dos semanas empiezan tus vacaciones.*
12. *Vas al médico para que te examinen de un continuo dolor.*
13. *Tienes un problema bastante serio.*
14. *Ayer tomaste una decisión equivocada.*
15. *Ayer tu jefe te encontró borracho en un bar.*

C QUÉ ME CUENTAS

Sustituye la palabra *cosa* por algún sinónimo.

1. *Discutimos sobre muchas cosas.*
2. *Para mí, planchar es la peor cosa de la casa.*
3. *Vamos a estudiar muchas cosas.*
4. *Esta cosa me molesta mucho de él.*
5. *Todas las cosas que no sirven, están en el desván.*
6. *Debo comunicaros dos cosas.*
7. *Le han robado una cosa del coche.*
8. *La cosa no está muy clara. No se sabe quién ha sido.*
9. *Tiene demasiadas cosas en la cabeza. Por eso, no pega ojo por las noches.*
10. *Se ha propuesto demasiadas cosas para un año.*
11. *Tengo en mi contra muchas cosas.*
12. *Han sacado una nueva cosa para limpiar los suelos.*
13. *Tráeme las cosas necesarias para reparar los daños.*
14. *Se me ha metido alguna cosa en el ojo.*

Oraciones finales

A LA PIZARRA

SUBJUNTIVO SIEMPRE

- *para que*
- *a fin de que*
- *con el fin de que*
- *con vistas a que*

- *con el objeto de que*
- *que*
- *a que*
- *no sea que*

Todas las oraciones finales, sin excepción, se construyen con subjuntivo.

Háblale más despacio para que te comprenda.
Lo mandé por avión con vistas a que llegara muy rápido.
Le insistiré a fin de que me devuelva ya el dinero.

Algunos de estos elementos finales presentan rasgos peculiares en sus comportamientos.

Que. Su uso se caracteriza por su fórmula repetitiva: imperativo + *que* + presente de subjuntivo.

Baja la voz, que no despertemos al niño.
Enciende la estufa, que se caliente la habitación.

A que. Su singularidad se halla en que a dicho elemento final precede normalmen-te el verbo de movimiento *ir* o alguna de sus variantes como *acompañar* (ir con al-guien) o *salir* (ir fuera).

> *Fui a que se excusara.*
> *Lo acompañé a que le dieran los resultados.*

No sea que. Este recurso revela en el hablante una intención de precaución para evitar en el presente o en el futuro inmediato posibles daños o consecuencias nega-tivas.

> *Pregúntale a él antes, no sea que no quiera.*
> *Lo voy a comprar esta tarde, no sea que mañana esté cerrado.*

No fuera que. Se emplea cuando el propósito de precaución alude al pasado.

> *Se lo dije yo, no fuera que lo supiera por otra persona.*
> *Reservé ayer, no fuera que nos quedáramos sin mesa.*

Ⓑ EJERCICIOS

a) Completa con un tiempo del subjuntivo.

1. *Trae, que lo (arreglar)*   *yo.*
2. *La pistola lleva un seguro a fin de que (ser)*   *más segura.*
3. *Fui una hora antes con el fin de que no me (ellos, quitar)*   *.   el sitio.*
4. *Tome nota, por favor, con el objeto de que me (él, llamar)*   *enseguida.*
5. *Encendí una hoguera con el fin de que me (ellos, localizar)*   *antes.*
6. *Nunca protesta con vistas a que le (ellos, ascender)*   *.*
7. *Voy a salir a que me (dar)*   *un poco el aire.*
8. *Deja al gato encerrado no sea que (escaparse)*   *.*
9. *Para que tu español (mejorar)*   *, tienes que pasar más tiempo en España.*

10. *Hablaré con él a fin de que me (él, tratar)*   *mejor.*

11. *Vámonos ya, no sea que el autobús (pasar)*   *antes.*

12. *Sube la voz, que te (nosotros, oír)*   *bien.*

13. *Ten cuidado, no sea que (tú, derramar)*   *el agua.*

14. *Haremos huelga con el objeto de que nos (ellos, respetar)*   *lo pactado.*

15. *Vamos a terminar la fiesta ya, no sea que los vecinos (llamar)*   *a la policía.*

16. *Fui a su casa para que me (él, explicar)*   *todo muy bien.*

17. *Se lo devolví ya para que me (él, dejar)*   *en paz.*

18. *Escóndete, que no te (él, ver)*   *.*

19. *Los sujeté para que no (ellos, pegarse)*   *.*

20. *Echa un poco más de arroz, no sea que (ellos, venir)*   *algunos más.*

21. *Con el objeto de que la producción (aumentar)*   *, pusieron un turno nocturno.*

22. *Con vistas a que la recuperación (ser)*   *más rápida, iba al gimnasio todos los días.*

23. *Me llevaré las cadenas, no sea que (nevar)*   *.*

24. *Iré mañana a que me (él, examinar)*   *.*

25. *Con el fin de que no me (él, malinterpretar)*   *, se lo aclaré todo.*

26. *Bebe más leche, que (tú, crecer)*   *.*

27. *Fuimos a que nos (ellos, informar)*   *de los trámites.*

28. *Debes acompañarla a que le (ellos, certificar)*   *la baja médica.*

29. *La pasaré a ordenador para que la carta (quedar)*   *mejor.*

30. *Saca la entrada ya, no sea que (agotarse)*   *.*

31. *Lo anestesiaron para que no le (doler)*   *.*

32. *Con vistas a que el coste (reducirse)*   *, he suprimido algunos gastos.*

33. *Le escribí para que (él, saber)*   *la noticia.*

34. *No comentes nada, no sea que (tú, meter)* ⬚⬚⬚ *la pata.*

35. *Dámelo, que lo (yo, abrir)* ⬚⬚⬚ *.*

36. *Con el fin de que (él, convencerse)* ⬚⬚⬚ *, le mostraré las fotos.*

37. *Te traigo los papeles para que los (tú, mirar)* ⬚⬚⬚ *.*

38. *Algo gordo tuvo que hacer, para que le (ellos, prohibir)* ⬚⬚⬚ *la entrada.*

39. *Pruébate el vestido, que lo (nosotros, ver)* ⬚⬚⬚ *puesto.*

40. *Modera la velocidad, no sea que alguien (cruzarse)* ⬚⬚⬚ *.*

b) **Completa las oraciones.**

1. *Se disfrazaron para que* ⬚⬚⬚ *.*
2. *Tómate la pastilla, no sea que* ⬚⬚⬚ *.*
3. *Me callé a fin de que* ⬚⬚⬚ *.*
4. *Se quejó con vistas a que* ⬚⬚⬚ *.*
5. *Rezo para que* ⬚⬚⬚ *.*
6. *Ovacionaron a los actores para que* ⬚⬚⬚ *.*
7. *Lávalo en seco para que* ⬚⬚⬚ *.*
8. *Cierra la ventana, que* ⬚⬚⬚ *.*
9. *Abrígate más, no sea que* ⬚⬚⬚ *.*
10. *Lo chantajearon con el objeto de que* ⬚⬚⬚ *.*

C QUÉ ME CUENTAS

Antónimos. **Usa otro verbo para que la frase diga lo contrario.**

1. *Siempre me obedecen.*
2. *Normalmente admite mi ayuda.*
3. *Resistió las presiones.*
4. *Tiene algún fundamento cuando habla así.*
5. *Mantuvo todas sus afirmaciones.*
6. *La representación triunfó.*

7. *Cuida mucho su imagen.*
8. *Me han dado la beca.*
9. *La nueva sentencia confirma la anterior.*
10. *Te aconsejo esta película.*
11. *Lo mejor es oír sus consejos.*
12. *Seguro que antes o después acertará.*

UNIDAD 6

Oraciones consecutivas

(A) LA PIZARRA

Con INDICATIVO	Con SUBJUNTIVO
• *así que*	• *de ahí que*
• *conque*	• *no tan + adjetivo + como para que*
• *por (lo) tanto*	
• *por consiguiente*	• *no tanto + sustantivo + como para que*
• *de modo/ manera que*	
• *luego*	
• *de un(a) + sustantivo + que*	

1. Los elementos consecutivos que aparecen a la izquierda de la pizarra se forman con indicativo.

Así que es uno de los más frecuentes.

> *No había billetes, así que me quedé una semana más en Madrid.*
> *Mi coche no funcionaba, así que tuve que ir en autobús.*

El elemento *conque* se distingue porque normalmente le siguen enunciados imperativos.

> *No estoy de humor, conque déjame tranquilo.*
> *Vas a llegar tarde, conque date prisa.*

La construcción *ser de un(a)* + sustantivo + *que* conlleva una doble función. La emisión de un juicio de valor calificativo y la consecuencia derivada de dicho enjuiciamiento.

> *Es de una timidez que casi nunca participa en clase.*
>
> *El libro es de una riqueza semántica que necesitas consultar el diccionario bastantes veces.*

2. Los elementos consecutivos que aparecen a la derecha de la pizarra se forman con subjuntivo.

> *No había billetes, de ahí que me quedara una semana más en Madrid.*
> *Mi coche no funcionaba, de ahí que tuviera que ir en autobús.*

No tan + adjetivo + *como para que* / *No tanto* + sustantivo + *como para que.*
Expresan, según el punto de vista del hablante, la exageración de la consecuencia producida.

> *No está tan malo como para que no te lo comas.*
> *No hacía tanto viento como para que se suspendiera la regata.*

Ⓑ EJERCICIOS

a) **Completa con los tiempos y modos adecuados.**

1. *Lo sabía, de ahí que lo (yo, tener)* _____ *todo preparado.*
2. *Me he quedado dormido, de ahí que (yo, perder)* _____ *el avión.*
3. *No hemos cocinado tanto como para que (sobrar)* _____ *más de la mitad.*
4. *Es de una generosidad que (ejemplificar)* _____.
5. *Explica tales cuestiones que (ser)* _____ *difícil seguirle.*

6. *Le metió una rana en la cartera, de ahí que lo* (él, expulsar)     .

7. *Ha dejado sin tratar tantos temas que sólo* (entrar)     *cinco para el examen.*

8. *Tienes fiebre, conque* (tú, meterse)     *en la cama.*

9. *No te portas bien, por lo tanto se lo* (nosotros, comunicar)     *a tus padres.*

10. *No me han invitado, así que no* (yo, pensar)     *ir.*

11. *No tengo tanta hinchazón como para que el médico me* (recetar)     *inyecciones.*

12. *Se ha despedido hasta el viernes, luego mañana no* (él, venir)     .

13. *José tiene tantas deudas que* (estar)     *arruinado.*

14. *Las maletas ya están hechas, conque* (tú, bajarlas)     .

15. *El agua estaba muy fría, de ahí que no* (yo, bañarse)     .

16. *Su padre murió muy joven, de ahí que* (él, tener)     *pocos recuerdos de él.*

17. *Pone mucho empeño, por lo tanto lo* (él, lograr)     .

18. *No es tan guapo como para que* (él, creerse)     *un casanova.*

19. *Es tardísimo, conque* (tú, acostarse)     .

20. *No vi luz, de ahí que no* (yo, tocar)     *el timbre.*

21. *Ha llovido mucho este año, de ahí que los embalses* (estar)     *llenos.*

22. *Ya sabe toda la verdad, luego* (tú, prepararse)     .

23. *Hace tales regalos que siempre* (yo, quedarse)     *boquiabierto.*

24. *Es de una maldad que lo mejor* (ser)     *alejarse de él.*

25. *Tenía mucha fiebre, de ahí que no* (yo, ir)     .

26. *Sé que lo tienes tú, conque* (tú, dármelo)     .

27. *No alborotamos tanto como para que nos* (él, llamar)     *la atención.*

28. *Se ha agotado el gasóleo, de modo que esta semana no* (haber)     *calefacción.*

29. *No es una avería tan complicada como para que todavía no* (funcionar)     *la luz.*

30. *Me da miedo esa atracción, de manera que yo no* (subirse) _____ _____ .

31. *Formuló tales deseos que* (nosotros, pensar) _____ *que no estaba en su sano juicio.*

32. *Lo razonó de tal forma que nos* (él, convencer) _____ .

33. *Me quitan la escayola el lunes, de ahí que ese día no* (yo, poder) _____ *venir.*

34. *Este tejido es de una calidad que nunca* (romperse) _____ .

35. *Este año se celebran elecciones, de ahí que el ayuntamiento* (arreglar) _____ *las calles.*

36. *No me ha dado tiempo hoy, así que lo* (yo, hacer) _____ *mañana.*

37. *A María le hacía más falta que a ti, por consiguiente se lo* (yo, dejar) _____ *a ella.*

38. *La carretera es malísima, de ahí que* (tardarse) _____ *cinco horas.*

39. *No me retrasé tanto como para que* (ellos, ponerse) _____ *tan nerviosos.*

40. *Ya ha empezado el fútbol, conque* (tú, sentarse) _____ .

41. *No hay casi nada en el frigorífico, luego* (nosotros, comer) _____ *en un restaurante.*

42. *El cuadro no es tan fantástico como para que la crítica lo* (considerar) _____ *una obra de arte.*

43. *Es una ciudad culturalmente muy interesante, de ahí que* (ser) _____ *tan visitada.*

44. *Ana es de una fortaleza mental que* (dar) _____ *envidia.*

45. *Posee tales ambiciones que nunca* (él, conformarse) _____ *con lo alcanzado.*

46. *Estaba muy callado, así que le* (pasar) _____ *algo.*

47. *No me gusta el usted, así que* (tú, tratarme) _____ *de tú.*

48. *No dijo nada tan ofensivo como para que* (ellos, salirse) _____ .

49. *Había oído hablar mucho de este bar, de ahí que* (yo, tener) _____ *tantas ganas de conocerlo.*

50. *Pablo está en contra de los ejércitos, por consiguiente* (declararse) _____ *insumiso.*

b) Termina las oraciones.

1. *Alicia y Luis son opuestos, de ahí que* _____.
2. *No me fío nada de él, así que* _____.
3. *No hizo nada tan grave como para que* _____.
4. *La obra de teatro es de un absurdo tal que* _____.
5. *He cometido tantos errores que* _____.
6. *De esta decisión dependen muchas cosas, luego* _____.
7. *No puso ningún reparo, por consiguiente* _____.
8. *Las cartas ya están barajadas, conque* _____.
9. *El estadio siempre se llena, por lo tanto* _____.
10. *No hay ninguna indicación, de modo que* _____.

C QUÉ ME CUENTAS

Sinónimos de *coger*. **Sustituye** *coger* **por otro verbo.**

1. *Esta fecha nos coge muy mal.*
2. *Este lugar coge muy lejos.*
3. *Nunca coge mis chistes.*
4. *Por fin ha cogido la idea.*
5. *Coge tus cosas y márchate.*
6. *¿Coge el sofá en el ascensor?*
7. *Si vas a la calle, coge el abrigo.*
8. *Creo que he cogido la gripe.*
9. *Coge ese atajo para ahorrar camino.*
10. *Siempre que debe elegir un hotel, coge el mismo.*
11. *Cogedme sitio, que voy al servicio.*
12. *Si te montas en la moto, cógete fuerte.*

Oraciones temporales

> *cuando - hasta que - apenas - en cuanto -*
> *tan pronto como - una vez que -*
> *nada más que - cada vez que*
>
> | INDICATIVO | SUBJUNTIVO |
> |:---:|:---:|
> | ‖ | ‖ |
> | Acción realizada (contextos de pasado o de presente habitual) | Acción no realizada (contextos de futuro o de imperativo) |
> | | ⚠ *antes de que* |
> | | ⚠ *a que* |

1. Las oraciones temporales que hablan de acciones ya realizadas utilizan indicativo.

   Fui cuando pude.
   Lo hice tan pronto como tuve tiempo.

Estas oraciones en indicativo aparecen ligadas a contextos comunicativos de pasado o de presente habitual.

Se lo dije en cuanto lo vi.
Cuando necesita algo, se vuelve muy amable.

2. Las oraciones temporales que informan de acciones no realizadas todavía utilizan subjuntivo.

> *Iré cuando pueda.*
> *Lo haré tan pronto como tenga tiempo.*

Estas oraciones en subjuntivo están asociadas a contextos comunicativos de futuro o de imperativo.

> *Te llamaré en cuanto tenga el resultado.*
> *Avísame apenas llegue.*

3. Los elementos temporales *antes de que* y *a que* se construyen siempre con subjuntivo.

> *Le escondí el regalo antes de que viniera.*
> *Esperé a que me respondiera.*

4. El uso de *mientras que* y de *siempre que* viene determinado por su valor temporal (indicativo) o condicional (subjuntivo).

> *Mientras yo friego, pon tú la mesa.*
> (Simultaneidad temporal = indicativo).

> *Mientras no termines los deberes, no saldrás a la calle.*
> (Condición = subjuntivo).

> *Siempre que oigo esta canción, me acuerdo de él.*
> (Habitualidad temporal = indicativo).

> *Iremos siempre que no llueva.*
> (Condición = subjuntivo).

EJERCICIOS

a) Completa con el tiempo y modo adecuados.

1. Vendrá cuando ya no (él, hacer)   falta.
2. Soportaré estas condiciones hasta que (yo, hartarse)   .
3. Cuando (yo, tener)   cinco años, veraneaba aquí.
4. Tan pronto como (él, incurrir)   en el mismo error, le retirarán su confianza.
5. Mírame a la cara cuando te (yo, hablar)   .
6. No le hablaré hasta que no me (él, pedir)   perdón.
7. Cocinaré para ti cuando no (tú, trabajar)   por las tardes.
8. Me escribió tan pronto como lo (él, saber)   .
9. En cuanto (yo, llegar)   , te llamaré.
10. En cuanto (yo, llegar)   , lo llamé.
11. Guardaré el secreto hasta que me lo (él, pedir)   .
12. Lo hice antes de que me lo (él, pedir)   .
13. Hasta que no lo (tú, tener)   claro, no me respondas.
14. Me gusta pasear cuando (llover)   .
15. Cuando (él, hablar)   , parece Dios.
16. Apenas (yo, tener)   dinero, te pagaré.
17. Cada vez que (yo, poder)   , me escapo a la playa.
18. Cuando (tú, perder)   al tenis, te pones insoportable.
19. Esperé a que Nacho (responder)   .
20. Apenas el tabaco (subir)   , dejaré de fumar.
21. Dámelo antes de que (yo, enfadarse)   .
22. Apenas lo (él, ver)   , lo querrá.
23. Cuando (él, cantar)   , nos vamos.
24. Tan pronto como (yo, coger)   las vacaciones, me iré de viaje.
25. Una vez que (tú, tener)   el libro, mándamelo.
26. No actué hasta que no (yo, tener)   el permiso de mi jefe.

27. En cuanto lo (yo, ver)   , lo reconocí.

28. Cuando te (doler)   , será por algo.

29. Cuando me (él, mirar)   tan fijamente, me pone nervioso.

30. Se enfadó mucho cuando (él, enterarse)   de la verdad.

31. Hasta que no (tú, probar)   mi cocina, no podrás opinar.

32. Cuando (yo, correr)   , me duele.

33. Una vez que (tú, examinarse)   , tómate un descanso.

34. Me avisó antes de que (él, entrar)   .

35. Se ríe cada vez que (yo, hablar)   .

36. Cuando el viaje ya no (ser)   posible, querrá hacerlo.

37. Cállate antes de que (él, venir)   .

38. Nada más que (él, cruzar)   la puerta, se dará cuenta.

39. Cada vez que (él, abrir)   la boca, se equivoca.

40. En cuanto (yo, terminar)   el ejercicio, saldré a dar una vuelta.

41. No tomaré una decisión hasta que no (yo, escuchar)   a todos.

42. Me salí antes de que (terminar)   la película.

43. ¡Por favor! Tráigame la cuenta cuando (poder)   .

44. Pagué la multa antes de que (vencer)   el plazo.

45. Tu opinión sobre él cambia cuando lo (tú, conocer)   mejor.

46. Lo voy a intentar hasta que lo (yo, conseguir)   .

47. Todo iba muy bien hasta que (ponerse)   a llover.

48. Cuando yo (prometer)   algo, lo cumplo.

49. Se hicieron amigos, apenas (ellos, conocerse)   .

50. ¿Se enfadará cuando le (ellos, dar)   la noticia?

b) *Mientras (que).* **Elige los tiempos y modos adecuados, según el uso temporal o condicional de** *mientras.*

1. Normalmente leo mientras (viajar)   .

2. Nos lo contaba mientras (mirar)   de reojo a la mesa de al lado.

3. *Mientras no me (él, pedir)* _____ *excusas, no le permitiré la entrada a clase.*

4. *Mientras el profesor (explicar)* _____ *, algunos estudiantes se pasaban notas.*

5. *Te dejo el coche mientras me lo (tú, traer)* _____ *antes de las diez.*

6. *Escucho música mientras (yo, ducharse)* _____ *.*

7. *Mientras tú (acabar)* _____ *la estantería, yo pintaré las puertas.*

8. *No entraré mientras (tú, seguir)* _____ *fumando.*

9. *No asistiré a clase mientras (él, mantener)* _____ *esa actitud.*

10. *Han entrado los ladrones mientras (vosotros, estar)* _____ *de vacaciones.*

11. *Continuaré con él mientras me (él, pagar)* _____ *.*

12. *Aprendí un poco de japonés mientras (yo, trabajar)* _____ *en Tokio.*

13. *No dejaremos la huelga mientras no (ellos, aceptar)* _____ *todas las condiciones.*

14. *Mientras no (él, cambiar)* _____ *, no volverá a su lado.*

15. *Mientras la pobreza (existir)* _____ *, no se podrá hablar de un mundo justo.*

C QUÉ ME CUENTAS

Sinónimos de *tener*. **Sustituye *tener* por otro verbo.**

1. *La piscina tiene cincuenta metros de largo y treinta de ancho.*
2. *Las medidas del gobierno han tenido efectos positivos.*
3. *Las sectas tienen cada vez más adeptos.*
4. *La escuela tiene muy buenos profesores.*
5. *En este tema, tengo la opinión de Manuel.*
6. *Tiene una calma increíble en los momentos más críticos.*
7. *Tiene uno de los puestos más importantes.*
8. *Me da pena de él porque tiene una vida muy triste.*
9. *La ciudad tiene hoy sus mejores galas por la visita del Rey.*

10. *Si te lo propones, puedes tener lo que quieras.*
11. *Ha tenido lo que tanto tiempo perseguía.*
12. *Esa inversión tiene muchos riesgos.*
13. *Las fuertes lluvias han tenido consecuencias muy negativas.*
14. *La caja tiene las instrucciones de uso del vídeo.*
15. *Esta colonia tiene un olor muy agradable.*

Oraciones condicionales

SI

INDICATIVO	SUBJUNTIVO
‖	‖
Condiciones probables	Condiciones improbables
Presente	Imperfecto .... Condicional simple
Presente .... Futuro	Pluscuam- .... Condicional perfecto compuesto
Imperativo	
	Pluscuam- perfecto

1. Las oraciones condicionales formadas con *si* eligen indicativo cuando el hablante considera su cumplimiento como probable. En dicho caso, *si* selecciona el presente de indicativo, pudiéndose completar la frase con otro presente, con un futuro o con un imperativo.

> *Si voy, te llamo.*
> *Si termino pronto, me pasaré.*
> *Si vas al supermercado, tráete café.*

2. Las oraciones condicionales construidas con *si* eligen subjuntivo cuando el hablante enjuicia su cumplimiento como improbable. Para las condicionales improbables, deberemos tener en cuenta si la oración alude a una situación comunicativa de presente-futuro o a otra de pasado. En el primer caso, la concordancia temporal será imperfecto/condicional simple. En el segundo, pluscuamperfecto/condicional compuesto o pluscuamperfecto.

> *Si apareciera ahora mismo, no lo podría creer.*
> *Si mañana me tocara la lotería, dejaría el trabajo.*
> *Si ayer no hubiera estado mal, habría ido.*

Algunas oraciones rompen la línea temporal, mezclando los contextos de pasado con los de presente o futuro. De ello resulta que la condicional empiece con una referencia al pasado (pluscuamperfecto) y concluya con otra al presente o al futuro.

> *Si ayer no hubiéramos bebido tanto, hoy no tendríamos resaca.*
> *Si hubiera estudiado más, iría más tranquilo al examen de mañana.*
> *Si hubiera vivido un año completo en Londres, ahora hablaría mucho mejor inglés.*

3. También forman oraciones condicionales una muy variada serie de elementos que presentan como característica común su uso exclusivo en subjuntivo.

Como. Incluye muchas veces en su contenido un sentido de amenaza. Se usa preferentemente con presente de subjuntivo.

> *Como no comas, no verás la película.*
> *Como no me hagas caso, te quedarás castigado.*

En caso de que. Aparece en numerosas ocasiones en situaciones comunicativas comerciales o de instrucciones.

> *En caso de que no quede satisfecho, le devolvemos su dinero.*
> *En caso de que el ascensor se detenga, pulse el botón azul.*

A condición de que. La consumación de lo afirmado queda condicionada a la aceptación de un determinado condicionante. La presencia del presente o del imperfecto de subjuntivo depende del grado de dificultad menor o mayor dado a la admisión de este condicionante.

Te lo cuento a condición de que guardes el secreto.
Vendería el cuadro a condición de que me dieran su valor real.

Siempre y cuando / Con tal (de) que. Tienen un funcionamiento semejante al descrito para el elemento «a condición de que».

Iré siempre y cuando queden entradas.
Lo perdonaría siempre y cuando reconociera su culpa.

Te doy la pelota con tal de que no juegues aquí.
Lo readmitiría con tal de que se solucionara el problema definitivamente.

A no ser que / A menos que. Originan normalmente oraciones que expresan la consumación de un hecho, salvo caso de haber algún obstáculo que impida su realización.

Asistiré a no ser que salga muy tarde de la reunión.
Prepararé una cena vegetariana, a menos que queráis algo diferente.

4. Otras construcciones condicionales:

De + infinitivo

De ser eso cierto, habrá problemas.

Gerundio

Estudiando tan poco, nunca aprobarás.

Participio

Visto así, llevas razón.

Imperativo

Llámala y verás como viene.

Ⓑ EJERCICIOS

a) **Completa con los tiempos y modos adecuados.**

1. *Si* (tú, seguir) ▨▨▨▨▨ *mis consejos, habrías resuelto el problema.*

2. *Como no* (tú, aprobar) ▨▨▨▨▨ *, tendrás que presentarte en septiembre.*

3. *Te dejo la moto con tal de que* (tú, ser) ▨▨▨▨▨ *prudente.*

4. *Si* (tú, necesitar) ▨▨▨▨▨ *algo, llámame.*

5. *Si* (yo, poder) ▨▨▨▨▨ *, iría.*

6. *Como no* (él, venir) ▨▨▨▨▨ *en cinco minutos, nos vamos.*

7. *Si* (yo, estar) ▨▨▨▨▨ *en su situación, habría aceptado.*

8. *Siempre que* (él, regresar) ▨▨▨▨▨ *antes de las doce, no habrá ningún problema.*

9. *Siempre que* (tú, leer) ▨▨▨▨▨ *el libro, podremos comentarlo.*

10. *Si* (tú, estudiar) ▨▨▨▨▨ *más, te irían mejor las cosas.*

11. *Si te* (apetecer) ▨▨▨▨▨ *, pásate por mi casa.*

12. *No sé qué pasaría si* (él, descubrir) ▨▨▨▨▨ *la verdad.*

13. *Yo confiaré en vosotros siempre y cuando vosotros* (confiar) ▨▨▨▨▨ *en mí.*

14. *En caso de que no* (funcionar) ▨▨▨▨▨ *el ascensor, tendremos que subir el sillón por las escaleras.*

15. *Como* (tú, seguir) ▨▨▨▨▨ *comiendo, vas a ponerte malo.*

16. *Si yo* (llegar) ▨▨▨▨▨ *a los noventa, no me gustaría llevar la vida de mi abuelo.*

17. *Si* (tú, cumplir) ▨▨▨▨▨ *todos los requisitos, serás admitido.*

18. *Como lo* (yo, ver) ▨▨▨▨▨ *, le voy a decir cuatro cosas.*

19. *Jugaremos siempre y cuando* (haber) ▨▨▨▨▨ *pista libre.*

20. *En caso de que* (vosotros, decidir) ▨▨▨▨▨ *algo, me llamáis.*

21. *Siempre que papá nos* (dar) ▨▨▨▨▨ *dinero, podremos comprarlo.*

22. *Si* (tú, ir) ▨▨▨▨▨ *al estanco, cómprame sellos.*

23. *Si* (estar) ▨▨▨▨▨ *todavía la película en cartelera, la veremos esta tarde.*

24. *Como* (él, escribir) _____ *ese artículo, habrá una polémica muy fuerte.*

25. *Como también* (él, llegar) _____ *tarde mañana, le regañaré.*

26. *Si* (él, querer) _____ *, lo haría.*

27. *En caso de que no* (ellos, estar) _____ *, volveremos mañana.*

28. *Con tal de que me* (él, telefonear) _____ *, me da igual la hora.*

29. *Te dejará en paz siempre y cuando no lo* (tú, provocar) _____ *.*

30. *Si yo* (ser) _____ *tú, lo pensaría mejor.*

31. *Si lo* (tú, saber) _____ *, dilo.*

32. *Si me* (tú, ayudar) _____ *, te lo agradecería mucho.*

33. *Si lo* (yo, saber) _____ *, me habría callado.*

34. *Como no* (él, preguntar) _____ *lo que me he estudiado, me saldré del examen.*

35. *Llévate el libro a condición de que no lo* (tú, tener) _____ *mucho tiempo.*

36. *En caso de que su coche* (averiarse) _____ *durante el primer año, se lo arreglamos de forma gratuita.*

37. *Habrá partido siempre y cuando no* (diluviar) _____ *.*

38. *Si* (tú, mirar) _____ *mejor, lo habrías encontrado.*

39. *Si* (tú, ir) _____ *, te había gustado.*

40. *Como no lo* (él, conseguir) _____ *, se deprimirá.*

41. *Siempre que no* (vencer) _____ *Francia, se clasificará España.*

42. *Si te* (yo, ser) _____ *sincero, no me gusta la idea.*

43. *En caso de que el tren* (tener) _____ *retraso, le reintegramos totalmente el importe del billete.*

44. *Si no* (poder) _____ *yo, me sustituiría alguien.*

45. *Si no* (mejorar) _____ *el tiempo, habríamos cancelado el viaje.*

46. *Si* (tú, acordarse) _____ *, tráete mañana las fotos.*

47. *La obra se estrenará el próximo mes, a no ser que* (surgir) _____ *algún imprevisto.*

48. *Habrá vuelos, siempre y cuando* (suspenderse) _____ *la huelga.*

49. *Como no (terminar)* ░░░░░░░░░░ *la fiesta ahora mismo, llamaré a la policía.*

50. *El próximo año trabajaré en Madrid, a no ser que a última hora (pasar)* ░░░░░░░░░░ *algo raro.*

b) **Completa las oraciones, añadiendo la parte que falta.**

1. *Si* ░░░░░░░░░░ *, lo habríamos comprado.*
2. *Si* ░░░░░░░░░░ *, dile que estoy en la piscina.*
3. *Si te interesa,* ░░░░░░░░░░ *.*
4. *Si hubiéramos estado mejor informados,* ░░░░░░░░░░ *.*
5. *Si hubiéramos perdido el autobús,* ░░░░░░░░░░ *.*
6. *Si* ░░░░░░░░░░ *, tómate una pastilla.*
7. *Si la lesión es grave,* ░░░░░░░░░░ *.*
8. *Si* ░░░░░░░░░░ *, saldría mañana.*
9. *Si* ░░░░░░░░░░ *, no me lo creería.*
10. *Si coges el coche,* ░░░░░░░░░░ *.*

C QUÉ ME CUENTAS

Antónimos. **Utiliza otro verbo, de modo que la frase diga lo contrario.**

1. *El avión despegó con ciertos problemas.*
2. *El tren llega a las cuatro.*
3. *Juan paga mucho por esos servicios.*
4. *Me faltan mil pesetas.*
5. *Nos metieron en un gran apuro.*
6. *Cumplen las órdenes de su jefe.*
7. *Abundan las personas así.*
8. *Aceptamos todas sus propuestas.*
9. *Hay que sumar los gastos personales.*
10. *Siento mucho que sea así.*
11. *El público ovacionó largo tiempo a los actores.*
12. *La noticia me tranquiliza.*

Oraciones de relativo

> *que - quien - donde -*
> *como - cuanto - según*
>
> | INDICATIVO | SUBJUNTIVO |
> |:---:|:---:|
> | ‖ | ‖ |
> | Antecedente conocido | Antecedente no conocido |
> | | |
> | | ⚠ *poco* |
> | | ⚠ *apenas* |
> | | ⚠ *casi nadie, ninguno, nada* |

1. La oración relativa presenta como esquema tipo más habitual el compuesto por la fórmula:

Verbo $_1$ + sustantivo + que + verbo $_2$.

El elemento relativo siempre remite a este sustantivo o antecedente en terminología gramatical.

Si dicho relativo hace referencia a un antecedente conocido por el hablante, aparece indicativo en el verbo dos.

Tengo un coche que gasta poco.
Vamos a un bar donde tienen un gazpacho muy rico.

Si el relativo, en cambio, hace referencia a un antecedente no conocido, usamos subjuntivo.

Me compraré un coche que gaste poco.
Vamos a un bar donde tengan gazpacho.

2. *Como, donde, cuanto* y *según* incluyen normalmente en sí los antecedentes.

Yo visto como (= de la manera que)   quiero.
Iremos donde (= al lugar que)   dice Juan.
Comió cuanto (= todo lo que)   pudo.
Habló según   (= en la forma en que)   habían convenido.

3. *Cualquier (a), quienquiera, dondequiera* y *comoquiera* prefieren subjuntivo, ya que usualmente realizan menciones a antecedentes desconocidos.

Cualquier cosa que digas, no servirá de nada.
Quienquiera que venga, no le abriré.
Comoquiera que se disfrace, lo reconoceremos.

4. Las relativas negativas cumplen la misma norma de diferenciación (conocido/no conocido).

No ha venido la chica que esperaba.
No ha dicho nada nuevo que no supiéramos ya.

No obstante, el subjuntivo resulta mucho más habitual en estas oraciones, pues lo negativo remite en muchas más ocasiones a lo no conocido.

No hay quien me gane.
No hay ningún programa que me guste.
No tengo ningunas zapatillas que te valgan.

5. *Poco, apenas, casi nadie, casi ninguno* y *casi nada* llevan subjuntivo.

> *Tengo pocas fotos en las que esté bien.*
> *Apenas hay películas de Hollywood que me interesen.*
> *No hay casi nada que me convenza.*

6. Cuando *poco* va acompañado de artículo, admite indicativo o subjuntivo según la regla general.

> *El poco dinero que* $\begin{matrix} gano \\ gane \end{matrix}$ *, me lo gastaré en viajar.*

Ⓑ EJERCICIOS

a) **Completa con los tiempos y modos adecuados.**

1. *Prefiero las películas que (tener)* _____ *mensaje.*
2. *Ahí hay una señora que (querer)* _____ *hablar contigo.*
3. *Comeremos donde tú ya (saber)* _____ *.*
4. *Mete en el frigorífico la tarta que (sobrar)* _____ *.*
5. *Se disfrazó como nos (prometer)* _____ *.*
6. *El partido que mañana (jugarse)* _____ *, es el más importante.*
7. *Me mudo a una nueva casa que (tener)* _____ *piscina.*
8. *Buscaré una casa que (tener)* _____ *piscina.*
9. *Observé algunos detalles que no me (gustar)* _____ *.*
10. *Cuéntale lo que a mí me (contar)* _____ *ayer.*
11. *Tiene unos ojos que me (encantar)* _____ *.*
12. *Te daré lo que tú te (merecer)* _____ *.*
13. *Cambiaré las piezas que no (estar)* _____ *bien.*
14. *El que (sembrar)* _____ *, recoge.*
15. *Han desaparecido los libros que (estar)* _____ *aquí.*
16. *Todos los que no (estudiar)* _____ *, suspenderán.*
17. *Sé que hay muchos que no me (creer)* _____ *.*
18. *A cualquiera que le (pasar)* _____ *, le disgustaría.*
19. *El que mal (empezar)* _____ *, mal termina.*
20. *Lo hizo según se lo (explicar)* _____ *el día anterior.*

21. *El año que viene viajaré todo lo que* (poder) _____ .

22. *Me gustaría estudiar en una escuela que* (tener) _____ *profesores nativos.*

23. *Iré donde tú me* (decir) _____ *ayer.*

24. *Visitaré lo que me* (dar) _____ *tiempo.*

25. *Come y bebe cuanto* (desear) _____ .

26. *El que a buen árbol* (arrimarse) _____ *, buena sombra le cobija.*

27. *Dondequiera que* (él, encontrarse) _____ *, lo encontrarán.*

28. *A partir de la semana próxima aquellos que* (faltar) _____ , *serán sancionados.*

29. *Ayer me compré el equipo de música del que te* (hablar) _____ _____ .

30. *Me llevo muy bien con los compañeros que* (tener) _____ *este año.*

31. *Atenderemos todas las solicitudes que nos* (llegar) _____ *a primera hora.*

32. *Me defenderé con los argumentos que mi abogado me* (dar) _____ _____ *a conocer mañana.*

33. *Tiene más posibilidades de las que él* (creer) _____ .

34. *Todavía no lo sé. Me quedaré con la que más me* (convencer) _____ _____ .

35. *Tiré cuanto no me* (servir) _____ .

36. *Ocurrirá el día que menos te lo* (esperar) _____ .

37. *Quienquiera que* (ser) _____ *, descubrirán su identidad.*

38. *El que* (obtener) _____ *ese puesto, será un afortunado.*

39. *El que la* (perseguir) _____ *, la consigue.*

40. *Dame el teléfono que te* (yo, pedir) _____ *ayer.*

41. *¿Hay alguien que* (saber) _____ *su teléfono?*

42. *Tengo un producto que* (quitar) _____ *muy bien las manchas de vino.*

43. *Me aburren las personas que* (ir) _____ *de intelectuales.*

44. *La policía encontró pruebas que* (demostrar) _____ *su culpabilidad.*

45. Ha publicado un disco que (recoger) _____ todos sus éxitos.

46. Cualquiera que (conocer) _____ un poco este tema, pensará lo mismo.

47. Necesito a alguien que (hablar) _____ árabe.

48. Cualquier cosa que (tú, decir) _____ , sólo servirá para empeorar la situación.

49. ¿Hay algo que (yo, poder) _____ hacer por usted?

50. Me gustan más las personas que (hablar) _____ con claridad.

b) **Continúa completando.**

1. No hay nada que me (gustar) _____ más.

2. No conozco a la chica que (preguntar) _____ ayer por ti.

3. No hay casi ninguna probabilidad de que lo (él, conseguir) _____ _____ .

4. No hay quien te (entender) _____ .

5. No vino la amiga con la que (nosotros, quedar) _____ .

6. Dispongo de pocos folletos que te (poder) _____ ayudar.

7. Los pocos días libres que (yo, tener) _____ , haré una cura de sueño.

8. Apenas existen personas que (portarse) _____ tan honradamente como él.

9. Dijo pocas cosas que (ser) _____ realmente interesantes.

10. No asistirán los famosos que ya (estar) _____ anunciados.

11. No hay casi nadie que se lo (creer) _____ .

12. El Granada apenas creó ocasiones que (ser) _____ dignas de reseñar.

13. No encontrarás ningún plano que te (proporcionar) _____ tanta información como éste.

14. No puedo concederte ninguno de los deseos que me (tú, pedir) _____ ayer.

15. No hay nadie que me (vencer) _____ al ajedrez.

16. La poca cantidad que se (cosechar) _____ , se destinará a consumo interno.

17. Apenas encontré motivos que me (hacer)   desistir de mi idea de marcharme.

18. Apenas conozco a nadie que (cocinar)   tan bien.

19. No me gustan las personas que (hablar)   gritando.

20. Las pocas veces que yo (ir)   , me he aburrido.

21. No riegues ninguna de las plantas que (estar)   en el balcón.

22. No hay ninguna fábrica que (producir)   más.

23. No repitas más lo que ya (nosotros, saber)   de memoria.

24. Los pocos manifestantes que (acudir)   , provocaron muchos altercados con la policía.

25. No formes parte de ninguna organización que (depender)   del gobierno.

26. No existe casi ningún lugar que me (atraer)   tanto.

27. Los pocos errores que (yo, tener)   , los cometí por falta de tiempo.

28. Apenas hay días en los que no (llover)   .

29. No vayas a ninguna de las escuelas que ayer te (él, aconsejar)   .

30. No oirás a nadie que te (hacer)   reír más.

C QUÉ ME CUENTAS

Refranes. Búscale a cada refrán su significado.

1. El que no corre, vuela.
2. El que espera, desespera.
3. El que avisa, no es traidor.
4. El que algo quiere, algo le cuesta.
5. El que no llora, no mama.
6. El que tiene boca, se equivoca.
7. El que quiere, puede.
8. Al que madruga, Dios le ayuda.

a. *Quien habla, puede errar.*
b. *Quien no pide o reclama lo que desea, tiene menos opciones de conseguirlo.*
c. *Quien advierte sobre algún hecho o peligro, debe ser escuchado como amigo.*
d. *Quien tiene voluntad para conseguir un fin, puede alcanzarlo.*
e. *Quien persigue un objetivo, debe «pagar» a cambio con algún tipo de «moneda» (esfuerzo, renuncia, sacrificio...).*
f. *Quien va más lentamente en un determinado asunto, llega más tarde y cuando quizás ya no resulta útil.*
g. *Quien se levanta temprano, obtiene la ayuda divina.*
h. *Quien ha de emplear paciencia en la satisfacción de una ilusión, acaba impacientándose porque el resultado se eterniza en la espera.*

Oraciones sustantivas

A LA PIZARRA

SUBJUNTIVO	INDICATIVO = Afirmativa SUBJUNTIVO = Negativa
1 **Verbos de influencia** (Deseo, orden, consejo, prohibición…)	**1** **Verbos de percepción física**
2 **Verbos de sentimiento**	**2** **Verbos de percepción mental**
3 **Juicios de valor** (*ser, estar* o *parecer* + sustantivo, adjetivo o adverbio)	**3** **Verbos de lengua** ATENCIÓN • Adverbios interrogativos (*si, dónde, cómo, cuándo, qué…*) ‖ *Indicativo*
4 **Expresiones de probabilidad**	• Imperativo negativo ‖ *Indicativo*

1. Todos aquellos verbos que pertenecen a alguno de los cuatro grupos indicados a la izquierda de la pizarra provocan ineludiblemente la posterior presencia de SUBJUNTIVO. Citaremos los más relevantes, incluyéndolos en sus respectivos grupos.

- Verbos de influencia = aconsejar, dejar, conseguir, intentar, lograr, mandar, necesitar, oponerse, ordenar, permitir, querer, prohibir, suplicar, pedir, recomendar...

  Quiero que vengas.
  Necesito que me des dinero.
  Intentaré que estudies un poco más.

- Verbos de sentimiento = apetecer, divertir, doler, alegrar, aburrir, fastidiar, gustar, importar, apenar, entristecer, extrañar, lamentar, sorprender, disgustar...

  Me gusta que pienses en mí un poquito.
  No me importa que vayamos mañana.
  No me sorprende que tenga tantos problemas.

- Juicios de valor = es normal, es lógico, es una pena, es una tontería, está mal, está bien, me parece justo, me parece increíble, me parece conveniente...

  Está mal que digas eso.
  No es normal que llueva tanto.
  No me parece justo que trabajemos los domingos.

- Expresiones de probabilidad = es posible, es probable, es imposible, es improbable, es de esperar, está difícil, hay posibilidades...

  Es de esperar que traiga el dinero.
  Hay posibilidades de que apruebe.
  No es posible que cueste tanto.

2. Los verbos de percepción o de comunicación, si la oración es afirmativa, van seguidos de indicativo, y si es negativa lo hacen de subjuntivo.

- Verbos de percepción física = ver, oír, notar, percibir, escuchar...

  Noto que mi español mejora.
  No noto que mi español mejore.

  Veo que estudias mucho.
  No veo que estudies mucho.

- Verbos de percepción mental = pensar, creer, saber, imaginar, suponer, recordar, sospechar, prever, parecer...

  Pienso que es interesante.
  No pienso que sea interesante.

  Creo que tendrá dificultades.
  No creo que tenga dificultades.

- Verbos de comunicación = decir, afirmar, prometer, asegurar, comunicar, explicar, revelar, contar, confesar, manifestar, contestar...

> *Dice que la escuela es buena.*
> *No dice que la escuela sea buena.*
>
> *Nos ha contado que se va.*
> *No nos ha contado todavía que se vaya.*

3. Si el verbo es de percepción o comunicación hay que prestar especial ATENCIÓN a dos consideraciones:

Primera > Si el elemento que une a los dos verbos es un adverbio interrogativo (si, dónde, cómo, cuándo, qué, por qué...), el indicativo es obligatorio. En este caso no importa si la oración sustantiva es afirmativa o negativa.

> *No sé si vendrá.*

Segunda > También el indicativo es obligatorio si el verbo de percepción o comunicación se emplea en imperativo negativo.

> *No digas que te gusta.*
> *No creas que soy tonto.*

4. Desde el punto de vista significativo, algunos verbos son particularmente ricos, pues pertenecen a dos grupos diferentes. Son casos de doble personalidad semántica, donde la elección entre indicativo o subjuntivo depende de cuál de los dos significados presente el verbo.

DECIR

> *Ha dicho que vendrá.* = Comunicación afirmativa. (Indicativo)
>
> *Ha dicho que vengas.* = Influencia. (Subjuntivo)

PENSAR

> *Pienso que es francés.* = Percepción afirmativa. (Indicativo)
>
> *He pensado que compres las entradas tú.* = Influencia. (Subjuntivo)

SENTIR

Siento que me quiere.	= Percepción afirmativa. (Indicativo)
Siento que no puedas.	= Sentimiento. (Subjuntivo)

EXPLICAR

Me ha explicado que cambia de trabajo.	= Comunicación afirmativa. (Indicativo)
Ahora me explico, gastando tanto, que tenga deudas.	= Juicio de valor. (Subjuntivo)

SUPONER

Supone que soy yo.	= Percepción mental. (Indicativo)
Ser español no supone que me gusten los toros.	= Juicio de valor. (Subjuntivo)

TEMER

Me temo que no vendrá.	= Percepción mental. (Indicativo)
Temo que no venga.	= Sentimiento. (Subjuntivo)

Ⓑ EJERCICIOS

a) **Completa con los tiempos y modos adecuados.**

1. *Es de esperar que (él, notificar)* _____ *la noticia, pero no sé cuándo lo (él, hacer)* _____ *.*
2. *No quiero que me (tú, malinterpretar)* _____ *. No he dicho que no me (gustar)* _____ *, sino que todo (ser)* _____ *mejorable.*

3. *Pienso que Juan* (ser) _____ *un caradura. Es mejor para todos que se lo* (nosotros, decir) _____ .

4. *He oído que* (tú, marcharse) _____ *a Italia.*

5. *Repites una y otra vez que mi español* (mejorar) _____ *, pero yo no noto que* (ser) _____ *así.*

6. *No te prometo que* (yo, asistir) _____ *, sólo que lo* (yo, pensar) _____ .

7. *Me parece un robo que nos* (ellos, cobrar) _____ *cinco mil pesetas.*

8. *No comprendo por qué los españoles* (gritar) _____ *tanto.*

9. *No creas que me* (él, engañar) _____ . *Sé muy bien quién* (él, ser) _____ .

10. *Es mejor que lo* (él, saber) _____ *por ti.*

11. *No sé si* (él, venir) _____ . *Espero que el enfado se le* (pasar) _____ .

12. *No digas que no* (tú, poder) _____ . *Sabemos que* (ser) _____ *mentira.*

13. *Es improbable que mañana* (llover) _____ .

14. *Confesó que* (ser) _____ *él. Afirmó que lo* (él, hacer) _____ *sin querer.*

15. *Me fastidia que* (él, gastar) _____ *tantas bromas.*

16. *Me pregunto si* (haber) _____ *derecho a esta situación.*

17. *No sabía que te* (resultar) _____ *tan difícil actuar.*

18. *Me alegra que* (tú, estar) _____ *aquí de nuevo.*

19. *Todavía no hemos pensado qué* (nosotros, hacer) _____ *con el coche viejo.*

20. *Te pido que no se lo* (tú, tener) _____ *en cuenta, y que lo* (tú, disculpar) _____ .

21. *Creo que* (nosotros, deber) _____ *invitarlo a cenar.*

22. *Conseguí que me* (él, regalar) _____ *el equipo de música.*

23. *Es inadmisible que le* (tú, permitir) _____ *que te* (él, decir) _____ *semejantes cosas.*

24. *Me encanta que* (tú, tocar) _____ *la guitarra.*

25. *Era de esperar que* (pasar) _____ *algo parecido.*

26. *Pensaba que yo* (ser) _____ *el responsable. Es posible que lo*
    (él, creer) _____ *por mi apariencia.*
27. *Me sorprendió mucho que no* (haber) _____ *cola.*
28. *Dime si* (ser) _____ *verdad los comentarios. He oído que* (tú,
    casarse) _____ .
29. *No me importa que me* (tú, dar) _____ *la entrada mañana.*
30. *Quisiera que* (desaparecer) _____ *el subjuntivo del español.*
31. *Necesito que me* (tú, decir) _____ *cuándo* (ser) _____
    su cumpleaños.
32. *La gente comenta que* (él, tener) _____ *relaciones un tanto*
    oscuras.
33. *Supongo que* (tú, estar) _____ *presente. Sería imperdonable*
    que no (tú, ir) _____ .
34. *Me dolió que* (él, portarse) _____ *así con nosotros. Me pare-*
    ce sorprendente que nos (él, recibir) _____ *tan fríamente.*
35. *Me aconsejó que* (yo, cambiar) _____ *de coche. El mecáni-*
    co no cree que el de ahora me (durar) _____ *mucho.*
36. *Ha escrito que el gobierno actual* (estar) _____ *implicado en*
    algunos casos de corrupción, por lo que imagina que (haber) _____
    _____ *de intervenir la oposición.*
37. *No quiero que* (tú, ir) _____ *mañana. Quiero que* (tú, ir)
    _____ *hoy.*
38. *Mal está que no* (él, cumplir) _____ *su palabra, pero peor*
    que (él, hacer) _____ *todo lo contrario de lo pactado.*
39. *No creo que* (ser) _____ *necesario que me* (tú, acompañar)
    _____ .
40. *Por favor, dígame qué le* (yo, deber) _____ .
41. *Me molestó mucho que no me* (él, contar) _____ *toda la verdad.*
42. *Me enfadó que no* (él, esperar) _____ *ni cinco minutos.*
43. *No sé dónde* (él, vivir) _____ *exactamente.*
44. *Me han contado que* (tú, tocar) _____ *la guitarra muy bien.*
45. *Me pone de mal humor que* (ellos, retrasarse) _____ *siempre.*
46. *No sé si ya* (ellos, salir) _____ *de clase.*
47. *Se rumorea que el Presidente* (convocar) _____ *elecciones*
    anticipadas.

48. *Hay muchas posibilidades de que finalmente la (ellos, elegir)* ▢▢▢▢ *a ella para el puesto.*

49. *He oído que (él, irse)* ▢▢▢▢ *, pero no que lo (ellos, echar)* ▢▢▢▢ *.*

50. *Prometió que lo (él, traer)* ▢▢▢▢ *hoy.*

b) **Verbos de doble personalidad semántica. Completa con los tiempos y modos adecuados.**

1. *Me ha explicado que (él, faltar)* ▢▢▢▢ *porque salió muy tarde del trabajo.*
2. *Siento mucho que no (tú, encontrar)* ▢▢▢▢ *billete.*
3. *Mi vecina supone que lo (yo, hacer)* ▢▢▢▢ *.*
4. *He pensado que lo (recoger)* ▢▢▢▢ *tú.*
5. *Dice que el fin de semana (ser)* ▢▢▢▢ *ideal para esquiar.*
6. *Siendo su madre española, ahora me explico que (él, hablar)* ▢▢▢▢ *perfectamente el castellano.*
7. *Siento que las cosas (ir)* ▢▢▢▢ *mejorando.*
8. *Ser profesor no supone que le (gustar)* ▢▢▢▢ *la enseñanza.*
9. *Pienso que la violencia (engendrar)* ▢▢▢▢ *violencia.*
10. *Me ha dicho que (preparar)* ▢▢▢▢ *la comida tú.*

C QUÉ ME CUENTAS

Rellena las frases con alguna de las expresiones que tiene la palabra *boca*.

Meterse en la boca del lobo   *Quitárselo de la boca*
Buscarle la boca a alguien   *Tener buena boca*
Hacerse la boca agua   *Ser un bocazas*
Andar de boca en boca   *A pedir de boca*
Por la boca muere el pez   *No abrir la boca*

1. *Cada vez que paso delante de esa pastelería,* ▒▒▒▒▒▒▒▒▒▒▒▒.
2. *Lo iba a decir yo.* ▒▒▒▒▒▒▒▒▒.
3. *No se preocupe por mi comida.* ▒▒▒▒▒▒▒▒▒.
4. *Un día de éstos lo voy a golpear porque* ▒▒▒▒▒▒▒▒.
5. *La fiesta salió* ▒▒▒▒▒▒▒▒▒. *Todo el mundo lo pasó bomba.*
6. *No sé si es por miedo o por timidez, pero el caso es que* ▒▒▒▒▒▒▒▒▒.
7. *Eso lo dice sólo para* ▒▒▒▒▒▒▒▒. *Le encanta provocar.*
8. *Su comportamiento extraño hace que siempre* ▒▒▒▒▒▒▒▒.
9. *Sabes que está allí y que te lo vas a encontrar. Por eso, no comprendo por qué entras. Te gusta* ▒▒▒▒▒▒▒▒.
10. *Él siempre dice que la belleza está por dentro. Ya veremos cómo es su próxima novia.* ▒▒▒▒▒▒▒.

Oraciones concesivas

(A) LA PIZARRA

AUNQUE

INDICATIVO	SUBJUNTIVO
‖	‖
1 **Información nueva**	**2** **Información conocida**
	3 **Hipótesis**

Presente	Futuro
Imperfecto	Condicional simple
Pluscuamperfecto...	Condicional compuesto
	Pluscuamperfecto

1. El uso de AUNQUE en indicativo o en subjuntivo se establece a partir de tres posibilidades.

• Primera > Quien utiliza *aunque* cree estar dando información nueva al oyente. En este caso aparece indicativo. Así, yo le diría a alguien que no conoce a mi familia:

Aunque mis padres tienen los ojos marrones, los míos son verdes.

Aunque mi hermana trabaja en Madrid, pasa mucho tiempo en Granada.

Aunque mi hermano tiene un piso en Cádiz, va poco.

- Segunda > Quien usa *aunque* considera que está dando información conocida para el oyente. En este caso, se emplea subjuntivo. Así, yo les diría a mis estudiantes:

Aunque sea español, no sé mucho de flamenco.

Esta norma explica que el subjuntivo aparezca en numerosísimas ocasiones como repetición de una información previamente dada. Un mecanismo que podría definirse como el *pero aunque* por la unión habitual de ambos elementos en este comportamiento de información repetida.

Soy vegetariano, pero aunque sea vegetariano, a veces como algo de carne.

Vivo lejos, pero aunque viva lejos, vengo a la escuela en bicicleta.

No es barato, pero aunque no sea barato, merece la pena pagar la diferencia.

- Tercera > Cuando *aunque* tiene un valor de hipótesis se emplea obligatoriamente con subjuntivo.

Aunque mañana llueva, iremos a Sevilla.
(hipótesis probable para el futuro)

Aunque mañana lloviera, iríamos a Sevilla.
(hipótesis improbable para el futuro)

Aunque ayer hubiera llovido, habríamos ido.
(hipótesis para el pasado)

2. El resto de elementos concesivos se organizan en tres grupos.

- Los que funcionan como *aunque*:

A pesar de que
Por más / mucho que
Aun cuando

Pese a que

Por más/mucho + sustantivo + que

A pesar de que lo $\genfrac{}{}{0pt}{}{he \quad intentado}{haya\ intentado}$ *muchas veces, no lo he conseguido.*

Pese a que $\genfrac{}{}{0pt}{}{tiene}{tenga}$ *cuarenta años, se porta como un niño.*

- Los que siempre van con subjuntivo:

  Así

  Mal que

  Por poco que

  Aun a riesgo de que

  Por (muy) + adjetivo/adverbio + que

  No se lo diré así me maten.

  Lo haré mal que me pese.

  Faltaré aun a riesgo de que se enfade.

- Los que siempre van con indicativo:

  Y eso que

  Y mira que

  Está de vacaciones en Australia, y eso que no tenía dinero.

  Me he enamorado otra vez, y mira que no quería.

3. Otras construcciones concesivas.

   | Con + infinitivo |

   Con ser muy listo, esa parte no la pasará.

   | Con + artículo + sustantivo + que |

   Con los problemas que yo le he resuelto, ahora que le va bien ni me llama.

   | Con + lo + adjetivo o participio + que + ser o estar |

   Con lo divertida que es la película, ¿no te hace reír?

   | Futuro + y |

   Lo expulsarán y seguirá comportándose igual.

Futuro + *pero*

> *Será muy simpático, pero a mí no me cae bien.*

Gerundio, participio o adjetivo + *y todo*

> *Diluviando y todo, se jugó el partido.*
> *Resfriado y todo, se bañó con agua fría.*
> *Borracho y todo, se presentó a la entrevista.*

B EJERCICIOS

a) **Completa con los tiempos y modos adecuados, teniendo en cuenta que te comunicas con las personas indicadas en los paréntesis.**

1. (A tu profesor de español) *Aunque* (yo, estudiar)   *es-pañol, prefiero el francés.*

2. (A tu nuevo vecino) *Aunque yo no* (estar)   *mucho en casa, no dudes en venir si necesitas algo.*

3. (A alguien que ayer faltó a clase) *Aunque ayer* (tú, faltar)   *a clase, el profesor no lo notó.*

4. (A alguien sin coche) *Aunque* (tú, tener)   , *seguro que lo* (tú, usar)   *muy poco.*

5. (A cualquiera) *La radio ha dicho que mañana habrá huelga. Pero aunque la* (haber)   , *yo pienso trabajar.*

6. (A un amigo) *Aunque yo no* (ser)   *amigo tuyo,* (tú, salir)   *mucho. Así que no es verdad lo de que sales mu-cho por mí.*

7. (A un estudiante nuevo) *Aunque el profesor* (parecer)   *muy serio, es bastante divertido.*

8. (A cualquiera) *No sé si me invitará, pero aunque me* (él, invitar)   , *no pienso ir.*

9. (A cualquiera) *No me ha escrito, pero aunque me* (él, escribir)   , *no le* (yo, contestar)   .

10. (A cualquiera) *Aunque mañana* (ser)   *fiesta, trabajaría.*

11. (A alguien que acabas de conocer) *Aunque* (yo, vivir) ⬚⬚⬚⬚⬚ *en el centro, el alquiler no es muy alto.*

12. (A tu hermano) *Aunque papá* (tener) ⬚⬚⬚⬚⬚ *sus defectos, siempre nos ha tratado muy bien.*

13. (A alguien que pide información por teléfono) *La casa es pequeña, pero aunque* (ser) ⬚⬚⬚⬚⬚ *pequeña, resulta muy acogedora.*

14. (A tus padres en la primera carta desde el extranjero) *Aunque aquí* (yo, encontrarse) ⬚⬚⬚⬚⬚ *muy bien, os echo de menos.*

15. (A cualquiera) *Aunque en Andalucía no* (hacer) ⬚⬚⬚⬚⬚ *tanto sol, yo* (regresar) ⬚⬚⬚⬚⬚ *cada año.*

16. (A los alumnos) *Quiero deciros dos cosas. Una, que mañana no puedo venir. Y otra, que aunque no* (yo, venir) ⬚⬚⬚⬚⬚, *tenéis clase.*

17. (A alguien que ha perdido el tren) *Aunque* (tú, perder) ⬚⬚⬚⬚⬚ *el tren, no te preocupes. Hay otro a las dos.*

18. (A alguien que no conoce Granada) *Aunque se la* (conocer) ⬚⬚⬚⬚⬚ *especialmente por La Alhambra, no es su único atractivo.*

19. (A un amigo) *No lo sabía, pero aunque lo* (yo, saber) ⬚⬚⬚⬚⬚, *no se lo* (yo, decir) ⬚⬚⬚⬚⬚.

20. (A un amigo) *Tengo mis dudas, pero aunque* (yo, tener) ⬚⬚⬚⬚⬚ *mis dudas, voy a hacerlo.*

b) **Pon los tiempos y modos adecuados.**

1. ▶ *¿Cómo estuvo la fiesta?*
   ▷ *Yo lo pasé muy bien, aunque la música no* (ser) ⬚⬚⬚⬚⬚ *buena.*

2. ▶ *¿Qué tal la entrevista?*
   ▷ *Aunque* (yo, salir) ⬚⬚⬚⬚⬚ *contento, creo que el trabajo no me lo van a dar a mí.*

3. ▶ *Ayer no vino tu padre.*
   ▷ *No importa. Aunque no* (él, venir) ⬚⬚⬚⬚⬚, *sé que fue porque no pudo.*

4. ▶ *Suspendieron el partido, ¿verdad?*
   ▷ *De todas formas, aunque* (suspenderse) ⬚⬚⬚⬚⬚ *el partido, entrenamos.*

5. ▶ *Afortunadamente, han encontrado tu coche, ¿verdad?*

   ▷ *Aunque lo (ellos, encontrar)* ⬚⬚⬚⬚⬚ *, tiene muchos daños.*

6. ▶ *¿Queda bebida?*

   ▷ *Aunque (quedar)* ⬚⬚⬚⬚⬚ *, no es suficiente.*

7. ▶ *¿Qué te ha dicho del trabajo?*

   ▷ *Me ha dicho que aunque en líneas generales (estar)* ⬚⬚⬚⬚⬚
   bien, necesita algunos retoques.

8. ▶ *Gracias a Dios, ha dejado de llover.*

   ▷ *Aunque (dejar)* ⬚⬚⬚⬚⬚ *de llover, las carreteras siguen cor-
   tadas.*

9. ▶ *A lo mejor mañana no hay clase.*

   ▷ *Da igual. Aunque mañana no (haber)* ⬚⬚⬚⬚⬚ *clase, yo (venir)* ⬚⬚⬚⬚⬚ *a la biblioteca.*

10. ▶ *Este año tampoco nos ha tocado la lotería.*

   ▷ *No te lo vas a creer, pero aunque me (tocar)* ⬚⬚⬚⬚⬚ *la lotería, yo (seguir)* ⬚⬚⬚⬚⬚ *trabajando.*

11. ▶ *¿Visitaremos La Alhambra?*

   ▷ *Aunque la (nosotros, visitar)* ⬚⬚⬚⬚⬚ *, será una visita muy
   rápida.*

12. ▶ *Se ha roto el reloj.*

   ▷ *No pasa nada. Aunque no (romperse)* ⬚⬚⬚⬚⬚ *, me iba a
   comprar otro.*

13. ▶ *¿Tienes la sentencia del juez?*

   ▷ *Aunque la (yo, tener)* ⬚⬚⬚⬚⬚ *, no entiendo nada.*

14. ▶ *¿Tiene razón o no?*

   ▷ *No la tiene, pero aunque la (él, tener)* ⬚⬚⬚⬚⬚ *, el tema no
   es tan grave como para ponerse así.*

15. ▶ *¿Ganarán las elecciones los socialistas?*

   ▷ *Aunque las (ganar)* ⬚⬚⬚⬚⬚ *, no tendrán mayoría.*

16. ▶ *La gasolina bajará mañana una peseta.*

   ▷ *Aunque (bajar)* ⬚⬚⬚⬚⬚ *, todavía está por encima de su valor.*

17. ▶ *¿Vas a acudir a la reunión con dolor de cabeza?*

    ▷ *Aunque me (doler)*   *, mi obligación es acudir.*

18. ▶ *¿Ya puedes jugar?*

    ▷ *Aunque todavía no (yo, poder)*   *, la recuperación va muy bien.*

19. ▶ *Menos mal que no se dio cuenta.*

    ▷ *Tranquilo, hombre. Aunque (él, darse)*   *cuenta, no (pasar)*   *nada.*

20. ▶ *¿Lo comprendes?*

    ▷ *Aunque lo (yo, comprender)*   *, me parece muy difícil.*

c) **Completa.**

1. *Por muy hábil que (él, creerse)*   *, no lo es tanto.*
2. *No dejas de bailar, y eso que (tú, estar)*   *cansado.*
3. *Se lo pediré otra vez aun a riesgo de que (él, volverse)*   *a enfadar.*
4. *Por muy bien que (estar)*   *el trabajo, le sacará algún fallo.*
5. *Por poco que (costar)*   *, como mínimo cinco mil.*
6. *Volveré a entrar así me (ellos, echar)*   *a patadas otra vez.*
7. *Por extraño que te (resultar)*   *, créeme.*
8. *Lo han vuelto a admitir, y mira que lo (él, tener)*   *complicado.*
9. *No le contaré nada aun a riesgo de que lo (descubrir)*   *él solo.*
10. *Por cerca que (estar)*   *, como poco échale una hora.*
11. *No para de hablar español, y eso que (él, saber)*   *sólo un poquito.*
12. *Aun a riesgo de que no le (gustar)*   *, tenemos que hacerlo.*
13. *Por muy pesado que (él, ponerse)*   *, le he dicho que no y es no.*
14. *Ha caído en la inocentada, y mira que se lo (yo, advertir)*   *.*

15. *Por más que* (yo, querer) ⬛⬛⬛⬛⬛, *no me veo capaz.*

16. *Yo soy el más alto de mi familia, y eso que no* (yo, medir) ⬛⬛⬛⬛⬛ *mucho.*

17. *Así le* (tú, ofrecer) ⬛⬛⬛⬛⬛ *la luna, rechazará tu oferta.*

18. *Por muy bueno que te* (él, parecer) ⬛⬛⬛⬛⬛, *desconfía de las apariencias.*

19. *Se lo preguntaremos aun a riesgo de que le* (molestar) ⬛⬛⬛⬛⬛.

20. *Por más que* (él, poner) ⬛⬛⬛⬛⬛ *de su parte, no le sale.*

(C) QUÉ ME CUENTAS

Frases idiomáticas con el verbo *dar.* **Elige una de las tres opciones para explicar sus sentidos.**

1. *En situaciones extremas siempre da la talla.*

    a) siempre se pone la ropa adecuada

    b) siempre se altera

    c) siempre obra bien, sin defraudar nunca

2. *Los médicos fumadores son los primeros que tendrían que dar ejemplo a los pacientes.*

    a) tendrían que trabajar menos

    b) tendrían que poner buenos ejemplos al explicar las enfermedades

    c) tendrían que servir de modelo positivo

3. *Ayer me dieron una calabaza en dibujo.*

    a) me pusieron un cero

    b) me dieron de comer verdura

    c) me dieron la enhorabuena

4. *Si no quieres dar la cara, yo lo haré por ti.*

    a) si no quieres hacerte la cirugía

    b) si no quieres luchar por la verdad

    c) si no quieres enfrentarte a tus responsabilidades

5. *¡Por favor, deja de dar la lata!*

    a) deja de molestar

    b) deja de comer sardinas

    c) deja de perder el tiempo

6. *Le encanta dar la nota.*

    a) le encanta cantar

    b) le encanta tocar el saxofón

    c) le encanta llamar la atención

7. *Para dar con Eugenio, tienes que llamarlo de tres a cuatro.*

    a) para comer con él

    b) para encontrarlo

    c) para hablar con su tía

8. *Dar gato por liebre no es una práctica habitual en los espectáculos flamencos.*

    a) dar animales a los turistas para que se los lleven

    b) dar recuerdos

    c) engañar, dando algo falso

Perífrasis (I)

INCOATIVAS

— *Empezar* **a + infinitivo** = principio de acción.

— *Ponerse* **a + infinitivo** = principio voluntario.

— *Meterse* **a + infinitivo** = principio sin preparación.

— *Liarse* **a + infinitivo** = principio con pérdida de la noción temporal.

— *Romper* **a + infinitivo** = principio no frenado.

— *Echar* **a + infinitivo** = principio brusco.

— *Ir* **a + infinitivo** = valores específicos.

REPETITIVA

— *Volver* **a + infinitivo** = acción repetida.

APROXIMATIVA

— *Venir* **a + infinitivo** = aproximación.

1. Incoativas.

Empezar a + infinitivo. Es la más general, ya que informa simplemente de una acción que empieza.

> *Ha empezado a llover.*
> *La semana pasada empecé a estudiar chino.*

Ponerse a + infinitivo. La particularidad de esta perífrasis es la de añadir al principio de acción un matiz de voluntariedad. Una voluntariedad que conlleva bastantes veces contenidos implícitos de obligatoriedad. Esta circunstancia se observa particularmente bien en muchas de las actividades no agradables sobre las que informa esta perífrasis.

> *Ponerse a estudiar, cocinar, planchar, limpiar...*

Ya sin este matiz de voluntariedad, se utiliza también con los verbos meteorológicos de agua.

> *Ponerse a llover, diluviar, nevar...*

Liarse a + infinitivo. Esta perífrasis expresa un principio de acción al que le sigue una continuación en la cual el tiempo no es claramente percibido, porque se pierde la sensación de que el tiempo pasa.

Esta característica la convierte en una perífrasis perfecta para una excusa.

> *Perdóname el retraso, pero es que me he liado a limpiar la casa y no me he dado cuenta de la hora.*

Este transcurrir temporal no controlado aparece igualmente en ejemplos como:

> *Me lié a estudiar a las cuatro, y cuando miré la hora ya eran las siete.*

No obstante, las referencias a la hora no son las únicas, ya que en otras ocasiones lo que se enfatiza es el uso no controlado sobre otras sustancias no temporales.

> *Se lió a comer pasteles, hasta que ya no hubo.*
> (= comer pasteles sin ningún control)
> *Se lió a insultarnos, hasta que llegó la policía.*
> (= insulto, insulto, insulto..., sin control)

Romper a + infinitivo. Perífrasis restringida a los verbos *llorar, reír, gritar* y *hablar*. Las citadas reacciones se suceden después de un intento inútil de que no se produzcan. Se trata, pues, de principios que no han conseguido ser frenados.

Echar a + infinitivo. Se construye exclusivamente con *andar, correr* y *volar*, informando del principio brusco de estos movimientos.

Ir a + infinitivo. Además de su valor de futuro, destacan otros cinco.

Primero

- Imperativo negativo. > *¿Vas a perdonarle?*
  (= No le perdones)

Segundo

- Anticipación. > *Iba a proponerlo yo.*
  (sólo en imperfecto)

Tercero

- Sorpresa. > *¡Quién lo iba a pensar!*
  (sólo en imperfecto con verbos *Pepe, traficante de drogas.*
  de lengua o mentales)

Cuarto

- Negación de palabras > *¿Cómo iba yo a decir eso?*
  o ideas atribuidas. *No es verdad.*
  (sólo en imperfecto con verbos
  de lengua o mentales)

Quinto

- Modismo superlativo > *Yo juego al tenis mucho mejor que tú.*
  ¡Dónde va a parar! *¡Dónde va a parar!*

2. **Repetitiva.**

Volver a + infinitivo. Esta perífrasis informa de una acción que se repite otra vez.

  Vuelve a llover.
  He vuelto a hacer lo mismo.

3. **Aproximativa.**

Venir a + infinitivo. Su valor primordial es el de aproximación a una cantidad, de modo que va acompañada normalmente de alguna referencia numérica.

  Vengo a trabajar unas veinte horas.
  Viene a costar unos mil euros.

No obstante, esta aproximación se dirige en otras ocasiones a informaciones de tipo comunicativo.

La televisión viene a decir lo mismo que la radio.
(= dice más o menos lo mismo)

Ana nos lo vino a contar como tú.
(= nos lo contó más o menos igual)

Ⓑ EJERCICIOS

a) **Completa con alguna de las perífrasis estudiadas.**

1. *Los pantalones* _____ (costar) *unas diez mil.*
2. *El año que viene Ana* _____ (estudiar) *en Salamanca.*
3. *¡Niño!* _____ (hacer) *los deberes ya, y no pierdas más el tiempo.*
4. *En este momento* _____ (nevar).
5. *Otra vez mi hermana* _____ (caer) *en el mismo error.*
6. *No tengo reloj, pero más o menos* _____ (ser) *la una.*
7. *No comprendo por qué ayer Tere* _____ (pintar) *las paredes, si ella nunca lo ha hecho.*
8. *Te prometo que* _____ (poner) *la mesa yo en este momento.*
9. *Elena* _____ (gritar) *al ver el ratón.*
10. *¿*_____ (tú, aceptar) *esas condiciones?*
11. *Si* _____ (mentir) *a José, ya no confiará más en ti.*
12. *La culpa del enredo es de Mario. ¿Por qué* _____ (dar) *consejos sobre algo que desconoce totalmente?*
13. *Desde mi casa al colegio* _____ (tardarse) *unos diez minutos.*
14. *El ladrón* _____ (correr) *nada más ver a la policía.*
15. *¿*_____ (permitir) *que haga algo así?*
16. *Yo cocino mucho mejor que tú. ¡Dónde* _____ (parar)*!*
17. *Me ha gustado mucho París. Por eso la* _____ (visitar).
18. *Siento no haber asistido a la reunión. Es que* _____ (corregir), *y cuando me di cuenta, era tardísimo.*

19. _____ (ganar) *unas ochenta mil pesetas.*

20. ¿Cómo yo _____ (decir) *eso sobre tu vecino?*

21. _____ (echar) *vino en la sangría, y luego no había quien bebiera.*

22. *No te deprimas.* _____ (intentarlo) *una vez más.*

23. _____ (lavar) *las cortinas sin tener ni idea. Y claro, las cortinas han perdido todo su color.*

24. *¡Niño!* _____ (comer), *que se hace tarde.*

25. *Esta compañía* _____ (obtener) *unos beneficios anuales de dos mil millones.*

26. *Manuel ayer* _____ (confirmar) *lo que nosotros más o menos ya sospechábamos.*

27. *La paloma* _____ (volar) *al acercarse el niño a la fuente.*

28. *No quiero* _____ (oír) *esta excusa tan tonta.*

29. *Perdona, ¿* _____ (leer) *el periódico?*

30. *Yo* _____ (opinar) *más o menos lo mismo que vosotros.*

31. *Fran* _____ (dar) *golpes a la puerta, hasta que la destrozó.*

32. *Cuando se enteró de la noticia,* _____ (llorar).

33. *Me gustaría no* _____ (tocar) *este tema.*

34. *¡Quién lo* _____ (decir)! *¡Tú, casándote por la Iglesia!*

35. *No han variado mucho la oferta.* _____ (ser) *la misma.*

36. *Ya queda poco para el almuerzo. Así que* _____ (pelar) *las patatas.*

37. *No me explico por qué Javi* _____ (discutir) *sobre una cuestión tan compleja.*

38. *El tiempo no ha cambiado mucho.* _____ (ser) *el de ayer.*

39. *La policía* _____ (detener) *al atracador en el momento en el que un coche lo atropelló.*

40. *En caso de tener que hacerlo otra vez, yo por lo menos* _____ (actuar) *igual.*

41. *El tren* _____ (andar), *sin que nadie lo esperara.*

42. *Mi ciudad es mucho más bonita. ¡Dónde* _____ (parar)!

43. *Cuando José Luis* _____ (contar) *chistes, no hay quien lo pare.*

44. *No sabía nada de electricidad, y* _____ *(cambiar) el enchufe. Por eso, fue normal que se electrocutara.*

45. *Los precios* _____ *(bajar) un dos por ciento.*

46. _____ *(llover) el lunes, y desde entonces no ha parado.*

47. *Seguro que nos* _____ *(ver) antes o después.*

48. *Si se lo cuentas,* _____ *(reír) en seguida.*

49. *¡Quién lo* _____ *(pensar)! Pedro, consumidor de cocaína.*

50. *Si me lo* _____ *(pedir), les diré que no otra vez.*

b) **Usa alguna perífrasis para las siguientes situaciones.**

1. *Te encuentras a un amigo. Te comenta que nunca lo llamas. Tú tenías la intención de hacerlo hoy. ¿Cómo expresas esta intención?*

2. *Tu hijo que no sabe nada de cocina casi provoca un incendio por freír unas patatas. ¿Cómo le recriminas este hecho?*

3. *Tu casa es un caos completo en este momento. Mañana recibes una visita importante. ¿Cómo expresas la obligación de limpiar, ordenar…?*

4. *Descubres a tu jefe, una persona muy seria, bailando sobre la barra de un bar. ¿Cómo manifiestas tu incredulidad?*

5. *Llegas tarde a una cita por haber hablado por teléfono durante veinte minutos, sin haber percibido el tiempo transcurrido. ¿Cómo te excusas?*

6. *Querías invitar tú, pero alguien ya lo ha hecho. ¿Cómo expresas tu intención no consumada de invitar?*

7. *Ayer perdiste bastante dinero en el bingo. Hoy te preguntan por la cuantía total. ¿Cómo escapas de confesar la cantidad exacta perdida?*

8. *Arreglaste el coche hace dos semanas. Hoy tiene un ruido extraño otra vez. ¿Qué le comentas al mecánico?*

C QUÉ ME CUENTAS

Verbos de movimiento. **Completa los espacios.**

1. *La temperatura* _____ *ayer dos grados.*

2. *Me empujaron y después* _____ *escalera abajo.*

3. *La motocicleta* _____ *de forma muy brusca.*

4. *Es capaz de* _____ *sin botella de oxígeno durante mucho tiempo.*

5. *No sabe* _____ *de cabeza desde el trampolín.*

6. *Tiene la pierna rota porque ayer* _____ *de un árbol.*

7. *Si has dejado la llave dentro, habrá que abrir* _____ *un carné por la cerradura.*

8. *Esta mañana* _____ *dos trenes en Sevilla.*

9. *No corras tanto, que nos* _____ .

10. *Si no puedes* _____ *al aeropuerto, cogeré un taxi.*

11. _____ *con el golpe que le propinó su adversario.*

12. *La casa era muy antigua. Por eso, no es raro que* _____ .

13. *Si no* _____ , *la piedra le da.*

14. *Con lo alto que es, tiene que* _____ *para no darse con las lámparas.*

15. _____ *al pisar la cáscara de plátano, y por poco me mato.*

16. *Los tiempos en los que había que* _____ *ante los superiores ya están lejanos.*

17. *El criminal* _____ *varias puñaladas a su víctima.*

18. _____ *toda la tarde por las calles sin saber qué hacer.*

19. *Le encanta* _____ *en paracaídas.*

20. *Todavía no puede caminar bien.* _____ *un poco.*

21. *Este moratón es el de la patada que me* _____ *ayer.*

Perífrasis (II)

A LA PIZARRA

TERMINATIVAS

— **Dejar** **de** + **infinitivo** = final de acción.
— **Acabar** **de** + **infinitivo** = final reciente.
— **Llegar** **a** + **infinitivo** = final alcanzado.
— **Acabar** **por** + **infinitivo** = final en el futuro.
— **Acabar** + **gerundio** = final en el futuro.

EXAGERATIVAS

— **Hartarse** **de** + **infinitivo**
— **Hincharse de** + **infinitivo** = cantidad exagerada.
— **Inflarse** **de** + **infinitivo**

HIPOTÉTICA

— **Deber** **de** + **infinitivo** = hipótesis.

1. Terminativas.

Dejar de + infinitivo. Esta perífrasis informa del final de una acción o estado habitual.

> *Dejé de fumar el año pasado.*
> *He dejado de asistir a clase por falta de tiempo.*

Su carácter imperativo resulta particularmente importante, señalando orden de finalización respecto a alguna actividad o hecho.

> *¡Niño, deja de jugar con la pelota!*
> *¡Por favor, deja de molestarme!*

Cuando la perífrasis se usa negativamente puede recalcar:

• Un sentido de hábito repetido.

> *No he dejado de venir ni un solo día.* (= he venido todos los días)
> *No he dejado de practicar ni un día.* (= he practicado todos los días)

• Un sentido de acción que perdura.

> *No deja de repetir lo mismo.* (= repite, repite, repite…)
> *No deja de hablar de ella.* (= habla, habla y habla…)

• Un sentido de influencia para la realización de actividades.

> *No dejes de llamarme.* (= llámame)
> *No dejes de estudiar español.* (= estudia)

Acabar de + infinitivo. Indica final reciente, esto es, ha pasado muy poco desde el final de la acción.

> *Acaba de irse.* (= hace muy poco que se ha ido)
> *Acabo de llegar.* (= hace muy poco que he llegado)

Llegar a + infinitivo. Es la perífrasis de los procesos u objetivos alcanzados, cuando hay voluntariedad en el sujeto.

> *Estudiando mucho, he llegado a hablar francés muy bien.*
> *Con esfuerzo, seguro que llegaré a tener lo que quiero.*

La misma perífrasis acentúa otras veces significados que pretenden ser recalcados.

¡Llegó a ganar dos millones en una noche!
(cantidad económica remarcada)

¡Llegó a beberse tres litros en una hora!
(cantidad alcohólica remarcada)

En otras ocasiones, *llegar a* + infinitivo equivale semánticamente al adverbio *incluso*.

Primero me insultó, pero además llegó a pegarme.
(= no sólo me insultó, incluso me pegó)

Además de subirme el sueldo, llegó a ofrecerme la dirección.
(= la oferta laboral incluía incluso la dirección de la empresa)

Finalmente, resaltar su valor de sustitución del pluscuamperfecto de subjuntivo dentro de estructuras condicionales. Dicho valor debe aparecer obligatoriamente en presente.

Si llegas a venir antes, lo hubieras visto.
(= Si hubieras venido antes…)

Si llego a saberlo, hubiera estudiado.
(= Si lo hubiera sabido…)

Acabar por + infinitivo = *Acabar* + gerundio. Son semejantes. Empleadas con habitualidad en futuro, expresan la previsión de cómo puede finalizar algo.

Acabarás comprendiendo a los andaluces.
(= al final, antes o después, los comprenderás)

Acabaré saliendo con él.
(= al final, antes o después, saldré con él)

Cuando estas perífrasis van en pasado, muestran un final producido después de dudar o reflexionar, o después de cierto esfuerzo.

Acabé diciéndole la verdad.
(= no sabía si decirle la verdad; al final lo hice)

Acabé aprobando el examen.
(= con esfuerzo, pero al final aprobé)

2. Exagerativas.

Hartarse/ Hincharse/ Inflarse de + infinitivo. Las tres inciden por igual sobre la cantidad excesiva con la que se realiza una actividad.

> *Ayer me harté de estudiar. ¡Diez horas!*
> *Anoche me hinché de fumar. ¡Dos paquetes!*
> *Esta mañana me he inflado de correr. ¡Quince kilómetros!*

3. Hipotética.

Deber de + infinitivo. Se emplea para hablar de hechos sobre los cuales no tenemos certezas, originándose así la formulación de hipótesis.

> *Si no ha venido a clase, debe de estar enfermo.*
> *Por el acento debe de ser francés.*

B EJERCICIOS

a) **Completa con alguna de las perífrasis estudiadas.**

1. *Si no* _____ (llover), *no podremos salir de excursión.*
2. *Anoche Alicia* _____ (fumar). *Casi dos paquetes.*
3. _____ (ser) *de Madrid por el acento que tiene.*
4. _____ (llegar), *y ya controla la situación.*
5. *Ten un poco de paciencia. Con el tiempo* _____ (habituarte) *a estos horarios.*
6. *¡Niño!* _____ (meterte) *el dedo en la nariz.*
7. *Tengo muchísimas ganas de ir a la discoteca. Esta noche* _____ (bailar).
8. _____ (llamar) *tu padre por teléfono.*
9. _____ (tener) *algún tipo de problema si aún no está aquí.*
10. *Es muy goloso. Siempre que puede,* _____ (comer) *bombones.*

11. *Con la paciencia que tiene,* _____ (ser) *un gran profesor.*

12. *Ya no llueve.* _____ (salir) *el sol.*

13. *¡Niño!* _____ (jugar) *con la pelota, que vas a romper algo.*

14. *Estoy muy cansado porque anoche* _____ (empollar).

15. *Por favor, no* _____ (escribirme).

16. *Va con guardaespaldas.* _____ (ser) *alguien importante.*

17. *Primero me invitó a bailar. Pero no sólo eso,* _____ (besarme).

18. *Ayer* _____ (caminar). *Anduve diez kilómetros más o menos.*

19. *Raúl* _____ (pedir) *perdón antes o después.*

20. _____ (ser) *ya las diez.*

21. *Creo que mis padres* _____ (estar) *ya al caer.*

22. *Este fin de semana* _____ (ver) *cine. He visto seis películas.*

23. *Si* _____ (saberlo), *te hubiera avisado.*

24. *Ana no* _____ (escribir) *ni un solo mes.*

25. *Está un poco triste.* _____ (pasarle) *algo.*

26. *Estoy rendido. Esta mañana* _____ (nadar). *¡Dos horas he estado en la piscina!*

27. *Es muy constante. Por eso yo creo que* _____ (alcanzar) *todas sus metas.*

28. *Si mi jefe* _____ (aparecer), *se lo hubiera encontrado todo patas arriba.*

29. *La televisión* _____ (decir) *que se desconvocaba la huelga.*

30. *Al principio no me convencía el pescado crudo. Luego me* _____ (gustar).

31. *No me creo que María* _____ (hacerse) *mil metros en tan sólo tres minutos.*

32. *¡Doce horas! La verdad es que* _____ (dormir).

33. *Las notas de matemáticas* _____ (estar) *al salir.*

34. *Trini* _____ (salir) *con su novio después de tres años de relación.*

35. *La policía piensa que los atracadores* _____ (entregarse).

36. *Jorge es un pesado. No* _____ (perseguir) *a la pobre chica.*

37. *Se ha propuesto* _____ (trabajar) *de traductor en la ONU.*

38. *No sé cuánto vale, pero* _____ (costar) *un ojo de la cara.*

39. *Sonó el teléfono cuando* ▢▢▢▢▢▢ (acostarme).

40. *Pensé que* ▢▢▢▢ (pasar) *algo, porque vi a los bomberos.*

41. ▢▢▢▢ (considerar) *incluso la posibilidad de retirarnos de la competición.*

42. *Cuando está tan tranquilo es que* ▢▢▢▢ (conocer) *ya los resultados.*

43. *Hace mucho que no tengo tiempo de tocar un libro. Por eso, este fin de semana* ▢▢▢▢ (leer).

44. *Hoy es tan sólo lunes. La semana* ▢▢▢▢ (empezar), *y tú ya dices que estás cansado.*

45. *Si* ▢▢▢▢ (salir) *sin paraguas, me hubiera puesto chorreando.*

46. *El tiempo* ▢▢▢▢ (darme) *la razón en este tema.*

47. *Inténtalo otra vez, y* ▢▢▢▢ (lamentarte).

48. *Cuando ha obrado de esta forma, será por algo.* ▢▢▢▢ (tener) *sus motivos.*

49. *Estoy seguro de que* ▢▢▢▢ (ocupar) *ese puesto.*

50. *No es posible lo que he oído.* ▢▢▢▢ (ser) *un error.*

b) **Usa alguna perífrasis hipotética para explicar las siguientes situaciones.**

1. *Anoche viste a un compañero del trabajo vestido de Superman por la calle.*

2. *Hay una persona en la discoteca que te mira mucho.*

3. *Llevas esperando veinte minutos a un amigo.*

4. *Tu vecina, normalmente una persona antipática, hoy está simpatiquísima y muy amable con todo el mundo.*

5. *Hay mucha gente delante de la puerta de un bar.*

6. *Anoche sonó el teléfono muy tarde.*

7. *Te encuentras poemas de amor con cierta frecuencia en tu buzón.*

8. *Has aprobado un examen que te salió rematadamente mal.*

9. *La factura de la luz indica un gasto de más de un millón de pesetas en un mes.*

C QUÉ ME CUENTAS

Expresiones idiomáticas divinas. Úsalas, dándole sentido a las frases.

Como Dios me dio a entender   Dios te oiga
Con Dios y ayuda   Dios aprieta, pero no ahoga
Como Dios manda   Sin encomendarse ni a Dios ni al diablo
A la buena de Dios   Vaya por Dios
Que Dios reparta suerte   Dios quiera
Dios dirá   Sabe Dios en qué estarías pensando
Gracias a Dios   Estar dejado de la mano de Dios

1. Que tu novio se ha caído por las escaleras. ███████████ .
2. ███████████ , porque sabes que me hace mucha falta ese empleo.
3. Con lo friísima que estaba el agua, se tiró ███████████ .
4. Este trabajo necesita mucha atención y paciencia. No se puede hacer ███████████ .
5. Quizás ███████████ pueda conseguirlo.
6. ███████████ que salga nuestro número.
7. ███████████ cuando has oído nudistas en lugar de budistas.
8. ███████████ que entré, porque el agua estaba a punto de salirse de la bañera.
9. Este barrio siempre ███████████ .
10. Lleva un poquito más tiempo de esta forma, pero prefiero hacerlo ███████████ .
11. No tenía ni idea de cómo montar una tienda de campaña, así que lo hice ███████████ .
12. Ahora mismo estoy tan cansado que no puedo pensar en la solución para esta cuestión. Mañana ███████████ .
13. Este año está siendo desastroso: la operación, el divorcio… A ver si es verdad que ███████████ .
14. Mañana mi mejor amigo y yo disputamos la final. Nos hemos deseado lo mismo. ███████████ .

Perífrasis (III)

DURATIVAS

— **Estar**   **+ gerundio** = duración momentánea.

— **Llevar**   **+ gerundio** = duración cuantificada.

— **Ir**   **+ gerundio** = duración progresiva.

— **Seguir**   **+ gerundio** = continuación sin tér-
                              mino.

OBLIGATIVAS

— **Tener que + infinitivo** = obligación / deseo /
                              hipótesis.

— **Deber**   **+ infinitivo** = obligación / deseo.

— **Haber que + infinitivo** = obligación impersonal.

1. Durativas.

Estar + gerundio. Su valor más conocido es el de la referencia al momento continuo del que se habla.

> *No me apetece salir, porque estos días está haciendo mucho frío.*
> *El año pasado estuve viviendo en París.*
> *El año que viene, por estas fechas, estaré viajando.*

Además, con esta perífrasis se expresa:

• La progresión de un proceso en marcha.

> *Se está quedando sin pelo.*
> *Está perdiendo a todos sus amigos.*

• La función de mandato, con un marcado realce enfático.

> *¡Ya te estás acostando!*
> *¡Ya estás comiendo!*

Llevar + gerundio. Cuantifica la duración. Por ello, siempre aparece con algún tipo de cuantificador temporal (horas, semanas, años, desde…).

> *Llevo estudiando desde las tres.*
> *Llevo visitando Granada diez años.*

Ir + gerundio. Señala una acción que se desarrolla progresiva y lentamente.

> *Vamos solucionando el problema poco a poco.*
> *Voy controlando la situación.*
> *Te vas haciendo mayor.*

Usando *ir* en imperativo aparece su valor conativo.

> *Ve pensando dónde dormiremos.* (= empieza a pensar dónde…)
> *Ve corrigiendo ya los exámenes.* (= empieza a corregir ya…)

Seguir + gerundio. Muestra la continuación de una acción, normalmente sin ponerle término.

> *Sigo trabajando en la misma escuela.*
> *Sigue nevando.*

Cuando la perífrasis se construye en pasado o en futuro, resulta más normal incluir la información de término con la preposición *hasta*.

Seguí gritando hasta que me oyeron.
Seguiré luchando hasta que tenga fuerzas.

2. Obligativas.

Tener que + infinitivo. Contiene principalmente sentidos de obligación.

Tienes que comer más.
Tengo que levantarme temprano mañana.

Otras veces manifiesta deseos.

Tendría que haber aceptado. (= ojalá hubiera aceptado)
Tendría que haber ido. (= ojalá hubiera ido)

También forma hipótesis.

La cena tiene que haber terminado ya.
Tiene que ser su novio.

Deber + infinitivo. Comparte con la perífrasis anterior la expresión de la obligación y la de deseo.

Debes practicar más. (= obligación)
Debí decírselo. (= obligación)

Debí haberlo comprado. (= ojalá lo hubiera comprado)
Debería haberle hecho caso. (= ojalá le hubiera hecho caso)

Haber que + infinitivo. Expresa la obligación impersonal.

Hay que poner la mesa.
Hay que esforzarse mucho.

Con *ver* y *oír* se dan significados de incredulidad, presentándose éstos en estructuras exclamativas.

¡Lo que hay que ver! Luis, nombrado director.
¡Lo que hay que oír! ¿Quién dice que yo soy machista?

Con *fastidiarse*, la exclamación introduce un significado de rechazo de la obligación.

> *Siempre friego yo los platos, ¡hay que fastidiarse!*
> *¿Otra vez tengo que ser yo quien lo haga? ¡Hay que fastidiarse!*

B) EJERCICIOS

a) **Completa con una perífrasis durativa u obligativa.**

1. *Para opinar de un país, primero* _____ (vivir) *en él.*
2. *Luisa* _____ (pensar) *este asunto una semana.*
3. *Lo mejor es* _____ (adelantar) *trabajo.*
4. _____ (hablar) *menos, y hacer más.*
5. *Paul* _____ (residir) *en España diez años.*
6. *Si* _____ (armar) *tanto ruido, vas a despertar al niño.*
7. *Dentro de un mes yo ya* _____ (recorrer) *la India.*
8. _____ (hablar) *con él para aclarar las cosas.*
9. _____ (ver) *esa película porque es un peliculón.*
10. *Antonio* _____ (quedarse) *sordo poco a poco.*
11. *Madonna dice que* _____ (cantar) *otros veinte años.*
12. _____ (comprar) *ayer, porque a lo mejor hoy ya no quedan.*
13. *La película* _____ (finalizar), *pues ya hace dos horas que empezó.*
14. *¡Lo que* _____ (oír)*! Que es inocente.*
15. *Tú* _____ (encender) *la chimenea, mientras yo preparo la carne.*
16. *Antonio* _____ (tomar) *el sol desde las tres.*
17. *Está en los huesos.* _____ (comer) *más.*
18. *Ayer* _____ (pasear) *por el nuevo parque.*
19. *Por sus gestos le* _____ (doler) *muchísimo.*
20. *Ya* _____ (ser) *hora de que nos reconozca nuestros méritos.*
21. *¿Hasta cuándo* _____ (subir) *la gasolina?*

22. *Hasta que puedas,*   (disfrutar).

23. *¡Ya te*   (marchar) *de aquí!*

24. *Antes de tomar una decisión definitiva,*   (consultarlo) *con la almohada.*

25. *Jesús*   (repetir) *lo mismo una semana.*

26. *Este niño*   (crecer) *a pasos agigantados.*

27.   (insistir) *hasta que por fin cogieron el teléfono.*

28. *Si vienes a mi ciudad, me*   (visitar).

29. *Para ganar tiempo, ¿por qué no*   (sacar) *el coche?*

30. *A mis años lo*   (descubrir), *pero nunca es tarde.*

31. *Siempre soy yo el que saca las entradas. ¡*   (fastidiarse)!

32. *Es una relación muy duradera. Ya*   (salir) *seis años.*

33. *Si te queda pequeña la prenda, la*   (descambiar).

34. *Si Jorge*   (ir) *con esas compañías, mal acabará.*

35. *Con esta pomada, la hinchazón*   (desaparecer).

36. *No*   (molestarlo). *En este momento*   (concentrarse).

37. *Por el corte de pelo que lleva ahora,*   (estar) *en la mili.*

38. *Javi*   (aprender) *muy lentamente a conducir.*

39. *La sopa está un poco sosa.*   (echarle) *más sal.*

40.   (investigar) *este fenómeno cinco años.*

b)   **Usa alguna perífrasis para las siguientes situaciones.**

1. *No puedes creer lo que sale en la tele: un cura, cantante de heavy metal. ¿Cómo expresas tu sorpresa?*

2. *Un compañero de trabajo está enamorado de una monja. ¿Qué le aconsejas?*

3. *Un amigo tuyo no coge el teléfono desde hace dos semanas. ¿Qué posible explicación puede haber?*

4. *Las flores que has plantado no crecen, más bien todo lo contrario. Vas a una floristería. ¿Cómo se lo explicas al dependiente?*

5. *Hoy tienes una enorme resaca porque ayer bebiste muchísimo. ¿Qué dirías para expresar que lo lamentas?*

6. *Una vez más serás tú quien trabaje durante el turno de agosto, situación que se repite año tras año. ¿Cómo manifiestas tu enfado y rechazo?*

7. *Tu hijo va a perder el autobús del colegio, porque no quiere levantarse. ¿Cómo le ordenas enérgicamente que se levante?*

8. *Después de muchas horas lloviendo, el tiempo poco a poco mejora y se ve algo de sol. ¿Cómo expresas este final progresivo de la lluvia?*

c) **Texto. Resumen final de todas las perífrasis.**

El periódico *Ideal* publicó ayer la siguiente carta en la sección de *Cartas al Director.* Marca y explica los valores de las perífrasis que aparecen.

El Cielo, a 20 de diciembre de 1996

Estimado director: En primer lugar debo presentarme. Me llamo Benigno Bueno. Soy lo que en la tierra se viene a denominar como representante sindical, de modo que me dirijo a usted en nombre de ángeles, arcángeles y querubines.

Los motivos de la presente son varios. Por una parte, dar noticias de cómo es esto. Aquí no se está muy mal. En el plano personal, y no soy una excepción, estoy purificándome en todos los sentidos. He dejado de fumar, vuelvo a disfrutar de los fines de semana y ya no tengo que preocuparme más de las facturas.

Mi primera reacción al ver a San Pedro fue la de un niño pequeño que rompe a llorar, cuando acaba de darse cuenta de que se le ha roto su juguete. Piensa que sin él no puede seguir divirtiéndose. No posee madurez suficiente para considerar que detrás de las apariencias están las esencias.

Antes de irme para arriba, yo igual que el niño sólo creía en lo visible y en lo palpable. Cuando me ponía a reflexionar sobre mis proyectos, acababa adoptando decisiones tan superficiales como las de llegar a tener otra casa con dos piscinas.

En donde ahora me encuentro, estos «importantes» bienes terrenales no son necesarios. Por ejemplo, el único medio de transporte son las alas, viniendo a costar éstas unas diez buenas accionetas. No hay rivalidades entre nosotros por llevar unas mejores que las del vecino de nube. Así, yo llevo unas de segunda espalda que van bastante bien.

Debe creerme cuando le digo que menos materialismo es más felicidad. Por ello, nos gustaría ver cómo los hombres van entrando en razón poco a poco, cómo van abandonando ciertas actitudes egoístas y consumistas por otras más solidarias.

Hartarse de ver la tele no es ayudar al prójimo. Dejar vacíos los grandes almacenes tampoco. Hay que seguir caminos menos materialistas. Sobre ellos ya profundizaremos en otra ocasión.

De momento, no siendo mi deseo seguir robándole más de su preciado tiempo, se despide muy afectuosamente y en nombre de ángeles, arcángeles y querubines,

Benigno Bueno

P.D. Feliz Navidad y Generoso '97.

C QUÉ ME CUENTAS

Expresiones idiomáticas taurinas. Búscale a cada expresión su significado.

1. *Coger el toro por los cuernos.*
2. *Pillar el toro.*
3. *Ver los toros desde la barrera.*
4. *Torear.*
5. *Estar para el arrastre.*
6. *Ser la puntilla.*
7. *Hacer una faena.*
8. *Estar en capilla.*
9. *Saltarse algo a la torera.*
10. *Cortarse la coleta.*

a. *Estar muy cansado, casi muerto.*
b. *No cumplir o respetar una norma.*
c. *Permanecer como espectador pasivo ante determinadas situaciones.*
d. *Enfrentarse a un conflicto de frente. Ir a donde está el verdadero problema.*
e. *Dar por finalizada una determinada actividad.*
f. *Encontrarse muy cercano al comienzo de un suceso.*

g. *Cumplirse un plazo sin haber dado tiempo a la finalización de la tarea que había que realizar.*

h. *Ser algo lo que ya definitivamente te «mata».*

i. *Burlarse de alguien.*

j. *Hacerle a alguien algo muy malo.*

UNIDAD

15

Por y para

(A) LA PIZARRA

POR	PARA
1 **Causa**	**1** **Finalidad**
Te inquietas por nada.	*Bebe para olvidar.*
Llora por el suspenso.	*Trabaja para pagarse los estudios.*
2 **Locativo**	**2** **Locativo**
Me gusta pasear por el parque. (ubicación: dentro del parque)	*Voy para el parque.* (en dirección a)
Las gafas están por ahí. (ubicación: dentro de la zona o límite que marco)	*Voy para médico.* (sentido figurado; dirección profesional)
3 **Temporal**	**3** **Temporal**
• Frecuencia: *Voy dos veces por semana.*	• Límite, plazo: *El ejercicio es para mañana.*
• Aproximación temporal: *Murió por los sesenta.*	• Construcción temporal *ir para*: *Va para un mes que está a dieta.* (= hace más o menos un mes)
• Tiempo sobrepasado: *Lo perdí por cinco minutos.*	• *Para una vez que llego tarde, os habéis enfadado demasiado.* (algo que pasa sólo una vez tiene una consecuencia negativa)
• *Por una vez* llegas puntual. (sentido ordinal = por primera vez)	

121

4 ***En busca de***

Voy por tabaco.

5 ***Sin***

Me quedan por corregir dos exámenes.

España, un país por descubrir.

6 ***A cambio de***

Necesito cambiar pesetas por dólares.

He pagado mucho por este sello.

7 ***En representación de***

Habló por todos los estudiantes.

8 **Medio**

Te lo mando por avión.

Me caso por la Iglesia.

4 **Opinión**

Para mí, él es muy buena persona.

5 **Negativizador**

Para + sustantivo plural
+ *estar* + pronombre sujeto

¡Para bromas estoy yo!

6 **Comparativo**

Para + sustantivo + adjetivo

Para ciudades bonitas, Granada.

(=Granada es tan o más bonita que...)

7 **Concesivo**

Para lo que gana, gasta mucho.

(=aunque gana poco, gasta mucho)

8 **Arrepentimiento**

Para lo que hay aquí de comida, deberíamos haber comido antes.

(=me arrepiento de no haber comido antes)

B EJERCICIOS

a) Completa con *por* o *para*.

1. *Cocina, cose, arregla lo que se rompe... Es que sirve* ______ *todo.*
2. *Pensé* ______ *mis adentros que aquello era como* ______ ______ *echarlo.*

3. Siempre he destacado _____ mi puntualidad. _____ ello, no te enfades conmigo _____ haber llegado tarde diez minutos.

4. ¡_____ cervezas estoy yo! Me duele mucho la cabeza.

5. Pagará _____ sus errores. Hace mucho que no va _____ el buen camino.

6. Ya va _____ un mes que se lo pregunté. Siento una enorme curiosidad _____ saber el resultado.

7. Lo sé _____ José. Me lo comunicó _____ carta.

8. Tiene mucho interés _____ conocer tu opinión. _____ ella tus sugerencias son muy valiosas.

9. La redacción es _____ mañana. No la quiero _____ otro día.

10. _____ mí él es la persona más maravillosa.

11. _____ mí apaga la estufa. Yo no tengo frío.

12. _____ lo que hay aquí de comida, deberíamos haber tomado algo antes.

13. No me acuerdo muy bien dónde está la cartera. Creo que _____ esos cajones.

14. No tengo mucho espacio _____ mis cosas.

15. No estaba capacitada _____ tomar tal decisión. Sin embargo, lo hizo _____ todos.

16. Lo haré _____ mí mismo, _____ demostrarte que puedo.

17. _____ una vez que me equivoco, no es justo que reaccionéis así.

18. El pescado ya huele mal. Está _____ tirar.

19. _____ música horrible, el bacalao.

20. _____ mí que no está bien. Lo digo _____ lo que veo.

21. Perdona Pastora, ¿por qué no cantas _____ ti?

22. Pásate _____ mi casa a las diez. _____ esa hora ya estaré.

23. Es impropio _____ su edad comportarse tan infantilmente.

123

24. _____ lo que estudia, no va muy mal.

25. Me saluda, pero no la conozco. Seguro que me toma _____ otro.

26. No me des tanto las gracias. Hoy _____ ti, mañana _____ _____ mí.

27. Eso sucedió más o menos _____ los veinte. _____ asegurarnos, vamos a consultar la enciclopedia.

28. _____ vinos buenos, los españoles.

29. La representación se suspendió _____ problemas técnicos, _____ evitar males mayores.

30. No me toméis en serio. Hablo _____ hablar.

31. Me resfrié _____ no salir bien abrigada. Espero encontrarme bien _____ el día que salimos de viaje.

32. _____ las dificultades económicas que tiene, parece no estar muy afectado.

33. Se queja _____ todo. Le da igual el motivo.

34. Me expulsó _____ hacer el tonto, pero no entiendo _____ qué me echó sólo a mí.

35. El regalo nos salió a mil pesetas _____ cabeza. _____ lo bueno y bonito que es, nos costó muy barato.

36. Si me proponen _____ el puesto, aceptaré. En ese caso, cambiaría las actuales normas _____ otras.

37. _____ falta de luz, no pudimos terminar.

38. Estoy _____ decirle la verdad. No quiero que me tome _____ tonto.

39. Estoy aquí _____ decirle la verdad. Callar no sirve _____ nada.

40. Voy _____ el tema ocho. Me quedan _____ estudiar otros ocho.

41. Voy _____ la casa de Antonio. ¿Quieres algo _____ él?

42. _____ lo que estamos aprendiendo hoy, debería haberme quedado en la cama.

43. ¡Qué mala suerte! _____ una vez que voy a la playa, me encuentro olas de dos metros.

44. Tengo que cambiar mi tele _____ otra nueva.

45. _____ ser sincero, no lo hice _____ ti.

46. Cuando era pequeño, pensaba que iba _____ piloto, _____ lo que me gustaban los aviones.

47. Voy _____ Carmen, pues aquí ya no me queda nada _____ hacer.

48. _____ relajarme, escucho música.

49. Está enfermo _____ el tabaco. Fuma dos paquetes _____ día.

50. _____ una vez reconoció mis méritos.

b) Texto. Completa con *por* o *para*.

El sábado pasado me disponía a ir a Sevilla _____ visitar una ciudad de la que me habían hablado mucho. Conmigo llevaba una cámara fotográfica y un paraguas _____ si las moscas, _____ un día que teóricamente sería inolvidable.

Mi situación económica no era boyante. No estaba _____ muchos gastos. _____ esto, me preparé un maravilloso bocadillo de longitud considerable que hubiera satisfecho al más exigente, porque _____ bocatas sabrosos, los míos.

_____ los años que tengo, no he viajado mucho. _____ mí, viajar es aprender, abrir tu cabeza _____ que entren nuevas ideas. Sé de gente que después de recorrer Andalucía _____ sus cuatro costados, ha cambiado su percepción sobre ella. Andalucía no es sólo sol, flamenco y toros. _____ aquí han pasado muchas culturas y civilizaciones. De ahí que haya muchas Andalucías _____ descubrir.

Pero, de momento, tendré que conocer Sevilla en otra ocasión. _____ una vez que llego tarde a algún sitio, perdí el autobús _____ cinco minutos. Volví a casa un poco enfadado. Sin embargo, este incidente _____ nada me quitó el hambre. Me quedé sin conocer Sevilla, pero no sin darle una gran alegría a mi estómago.

c) Cada grupo prepositivo contiene un error. Márcalo.

I.   No se monta por miedo.
     Te responderé por fax.
     Gracias para todo.

II. No andes para el césped.
     Lo cogió por el brazo.
     Por mí, abre.

III. Prepárate para empezar.
     He dejado lo mejor para el final.
     Votaré para los verdes.

IV. ¡Para discotecas estoy yo!
     Para aquellos meses, estaba un poco raro.
     Para mí es mejor así.

V.   No me esperéis por la cena.
     Le felicitamos por su éxito.
     Hace mucho que no viene por aquí.

VI. Me alegro para ti.
     Habla por ti.
     Lo hizo para ti.

VII. Este tren no pasa para Linares.
     Voy por un café.
     Para lo que come, está muy delgado.

VIII. Llamaré para cancelar los billetes.
      Está por llover.
      Los cambié por otros.

QUÉ ME CUENTAS

Frases idiomáticas con *por*. Elige una de las tres posibilidades para explicar sus sentidos.

1. *Por favor, no te andes por las ramas.*

   a) sé claro y directo
   b) no me mientas
   c) no te subas a los árboles

2. *Me cae mal. Habla por los codos.*

   a) habla con superioridad
   b) habla sólo del cuerpo
   c) habla mucho

3. *Si por h o por b no puedo hoy, lo haré mañana.*

   a) si por una razón u otra
   b) si por el tiempo
   c) si por lo ya sabido

4. *Los políticos son especialistas en salirse por la tangente.*

   a) en incumplir sus promesas
   b) en resolver problemas aritméticos
   c) en responder con evasivas a cuestiones comprometidas

5. *Aquí tocamos a mil por barba.*

   a) aquí el güisqui vale mil
   b) cada persona paga mil
   c) pagan sólo los que tienen barba o bigote

6. *Siempre pasa por alto nuestras sugerencias.*

   a) siempre las pone en práctica
   b) siempre las encuentra bien
   c) nunca las tiene en cuenta

7. *Aquí hay buena música por un tubo.*

   a) música de flauta
   b) mucha música
   c) música discotequera

8. *Me salvé por los pelos.*

   a) casi no me salvo, pero por poco me salvé
   b) creía que me iba a salvar, pero al final no me salvé
   c) me salvé gracias a mi melena

Los pronombres (I)

Ⓐ LA PIZARRA

PRONOMBRES DE COMPLEMENTO DIRECTO

Lo - La - Los - Las

Analicé el tema.	*= Lo analicé.*
Grabé la cinta.	*= La grabé.*

⚠ **Leísmo**

Ayudé a José.	*= Lo ayudé.*
	Le ayudé.

PRONOMBRES DE COMPLEMENTO INDIRECTO

Le - Les

Di el libro a Ana. = ① Le di el libro.
② Se lo di.

1. Pronombres de complemento directo.

Cuando el complemento directo es masculino, la sustitución pronominal se realiza con la forma *lo(s)*.

> *He visto a tus padres.* = Los he visto.
> *He regado los árboles.* = Los he regado.

Cuando el complemento directo es femenino, la sustitución pronominal se realiza con la forma *la(s)*.

> *Ha hecho la tarea.* = La ha hecho.
> *Ha roto la radio.* = La ha roto.

Cuando el complemento directo es neutro, se usa la forma *lo* para la sustitución pronominal.

> *No creo esto.* = No lo creo.
> *No niego esto.* = No lo niego.

2. Leísmo.

Es el uso del pronombre *le* en función de complemento directo masculino de persona. Para dicha función, los leístas prefieren *le* en lugar de *lo*.

> *Llamé a Pedro.* = Lo llamé / Le llamé.
>   C.D.
> *Visité a Juan.* = Lo visité / Le visité.
>   C.D.

3. Pronombres de complemento indirecto.

Son *le* y *les* tanto para el masculino como para el femenino de la tercera persona.

> *Le conté todo a Carmen.*
> *Le regalaré un disco a Miguel.*

Las formas *le* y *les* resultan incompatibles con *lo(s)* y *la(s)*, así que nunca pueden aparecer juntas. Esta incompatibilidad se resuelve con el empleo del pronombre *se*.

> *Le hice una pregunta a Ana.* = ~~Le~~ la hice (incorrecto)
>   Se la hice (correcto)
>
> *Les di las llaves a ellos.* = ~~Les~~ las di (incorrecto)
>   Se las di (correcto)

El grupo de pronombres de complemento indirecto se completa con los que suplen a las personas primera y segunda: *me, te, nos, os.*

B EJERCICIOS

a) **Responde a las preguntas, realizando las sustituciones pronominales correspondientes.**

1. ¿Le darás el regalo a María mañana?
   Creo que _____ daré esta noche.

2. ¿Te compraste el piso?
   No, al final no _____ compré.

3. ¿Les han robado las maletas?
   Sí, _____ han robado.

4. ¿Le entregaste el trabajo a tiempo?
   Claro que _____ entregué a tiempo.

5. ¿Os denegaron la petición?
   Sí, desgraciadamente _____ denegaron.

6. ¿Nos pedirán el pasaporte?
   Supongo que no _____ pedirán.

7. ¿Le has escrito ya a tu hermano la carta?
   No, todavía no _____ he escrito.

8. ¿Cómo os enviarán el mueble?
   _____ enviarán por avión.

9. ¿Les comunicarán la noticia pronto?
   Sí, _____ comunicarán mañana mismo.

10. ¿Le has preguntado el teléfono de Cristina?
    No, me ha dado vergüenza preguntár_____.

11. ¿Te has roto la pierna?
    No, ha sido un milagro que no _____ haya roto.

12. ¿Me has traído el paraguas?

    Claro que _____ *he traído.*

13. ¿Le vas a dejar el coche a Pilar?

    Sí, pero hasta el viernes no _____ *puedo dejar.*

14. ¿Insultaste al director?

    _____ *insulté porque él me provocó primero.*

15. ¿Le hizo la policía la prueba de alcoholemia?

    _____ *hizo dos veces.*

16. ¿Engañaste a los inspectores de Hacienda?

    Sólo _____ *engañé un poquito.*

17. ¿Crees que te dijo la verdad?

    Estoy seguro de que _____ *dijo.*

18. ¿Vas a llevar a Daniel al aeropuerto?

    Me gustaría, pero no _____ *puedo llevar.*

19. ¿Vas a invitar a la fiesta a Pablo?

    No me cae bien. Así que no _____ *voy a invitar.*

20. ¿Le has echado una bronca a Raúl por lo de ayer?

    Al final me ha dado pena, y por eso no _____ *he echado.*

21. ¿Encontraste a Lola?

    Sí, _____ *encontré en la biblioteca.*

22. ¿Te devolvieron el dinero?

    Parece que _____ *devuelven mañana.*

23. ¿Fuiste tú quien le solucionó el problema a Francisco?

    _____ *resolví yo, pero fue algo muy fácil.*

24. ¿Despedirán a Eduardo del trabajo?

    Es muy probable que _____ *despidan.*

25. ¿Le cambiaron el turno a tu novio?

    Por suerte _____ *cambiaron.*

26. ¿Quién les preparó la sorpresa?

    _____ *prepararon algunos amigos.*

27. ¿Cómo recibieron la información?

   ▓▓▓▓▓▓▓▓▓▓▓ *recibieron con gran alborozo.*

28. ¿Te han instalado ya la antena?

   Sí, ▓▓▓▓▓▓▓▓▓ *instalaron ayer.*

29. ¿Quién os recogió en la estación de tren?

   ▓▓▓▓▓▓▓▓▓▓▓ *recogió Antonio.*

30. ¿Por qué no aceptáis al profesor nuevo?

   No ▓▓▓▓▓▓▓▓▓ *aceptamos porque es muy antipático.*

b) **Di si en las siguientes frases se puede sustituir *le(s)* por *lo(s)*.**

1. *Les dije a mis padres que estuvieran tranquilos.*
2. *Le llevé la contraria para enfadarle.*
3. *Le dirigió la tesis doctoral el catedrático de más prestigio.*
4. *Le puse muy nervioso.*
5. *Le sentó muy mal la broma que le gastamos.*
6. *Les conduje hasta la entrada de la gruta.*
7. *Les esperé durante treinta minutos.*
8. *Le opusieron una gran resistencia.*
9. *Les deseé todo lo mejor.*
10. *Les ofreció una recompensa cuantiosa.*
11. *Le oí entrar muy tarde, pero no le comenté nada al día siguiente.*
12. *Le enviaron un ramo de rosas.*
13. *Le enviaron de corresponsal a París.*
14. *Le echaron la culpa a él.*
15. *Le felicitó todo el mundo.*
16. *Le encuentra siempre algún reparo.*
17. *Les obliga a acudir a misa cada domingo.*
18. *Les exigen demasiada responsabilidad.*
19. *Le atrae mucho tu idea.*
20. *Les considera muy eficientes.*

Frases idiomáticas con la preposición *de*. Elige una de las tres posibilidades para explicar sus sentidos.

1. *Yo voy al cine de gorra porque mi padre trabaja allí.*

   a) sin pagar
   b) con sombrero
   c) voy al cine pero no me gusta

2. *De golpe y porrazo empezó a llover.*

   a) con mucha violencia
   b) rápida y sorpresivamente
   c) de forma copiosa

3. *La noticia me dejó de una pieza.*

   a) sin reacción de la tremenda sorpresa
   b) muy nervioso
   c) satisfecho por el éxito

4. *Me llama, pero de uvas a peras.*

   a) sólo por las noches
   b) muy pocas veces
   c) muy poco tiempo

5. *Normalmente lo que se hace de mala gana, no sale bien.*

   a) lo que se hace sin ganas
   b) lo que se hace sin preparación
   c) lo que se hace con maldad

6. *Conozco a esta persona sólo de oídas.*

   a) del trabajo
   b) de lo que he oído hablar de ella
   c) del ascensor

7. *Seguro que a la fiesta viene de punta en blanco.*

    a) muy elegante

    b) muy puntual

    c) muy bien acompañado

8. *Este asunto va de mal en peor.*

    a) va lentamente solucionándose

    b) va empeorando

    c) va siendo olvidado

9. *De sobra sabes qué pienso sobre este tema.*

    a) lo sabes perfectamente

    b) lo sabes más o menos

    c) lo sabes hace poco

10. *Ha sido un partido de los que hacen época.*

    a) aburridísimo

    b) una estafa por su mala calidad

    c) inolvidable por su gran calidad

Los pronombres (II)

A LA PIZARRA

1 **Influencia semántica pronominal:**

Quedar / Quedarse
Abandonar / Abandonarse
Despedir / Despedirse

2 **Énfasis pronominal:**

Beber(se)
Comer(se)
Saber(se)

3 **Protagonismo pronominal:**

Hacerse un traje
Sacarse una muela
Operarse la nariz

4 **Verbos de movimiento:**

Ir / Irse
Volver / Volverse
Marchar / Marcharse

1. Influencia semántica pronominal.

Añadirle a un verbo un pronombre causa muchas veces la transformación del significado del mismo. La ausencia o presencia del pronombre será en estos verbos el factor determinante para saber lo que expresa. Así se advierte en los siguientes casos.

Quedar

1. Haber.
   No queda pan.

2. Faltar.
   Quedan cinco minutos.

3. Encontrarse.
   Quedamos a las dos.

Quedarse

1. Permanecer.
   Me queda un día.

2. Elegir.
   Me quedo con la azul.

3. Reacciones.
   Me quedé boquiabierto.

Abandonar

1. Dejar.
   Ha abandonado su trabajo.

Abandonarse

1. No cuidarse.
   Se ha abandonado totalmente.
   No se peina, no se asea...

2. Dejarse llevar por algo o alguien.
   Se ha abandonado a la bebida.

Despedir

1. Echar del trabajo.
   Han despedido a José.

2. Oler.
   Esta flor despide un olor muy agradable.

3. Dar a alguien el adiós.
   Iré al aeropuerto para despedir a Ana.

Despedirse

1. Decir adiós.
   Se despidió de nosotros muy emocionado.

Colar

1. Pasar un líquido por algún conducto o filtro.
   Colaré la leche porque tiene mucha nata.

Colarse

1. Entrar en algún lugar sin pagar o sin ser invitado.
   Me colé en el cine.

2. No respetar una cola.
   Me peleé con alguien que quería colarse en el supermercado.

Cortar

1. Dividir algo en partes más pequeñas.
   Corta ya la tarta.

2. Interrumpir el discurso de alguien.
   Cada dos segundos me cortaba.

Cortarse

1. Herirse o hacerse un corte.
   Me corté con el cuchillo.

2. Callarse.
   Delante de mucha gente se corta.

Acordar

1. Llegar a un acuerdo.
   Acordaron subir un cinco por ciento.

Acordarse

1. Recordar.
   No me acuerdo de su nombre.

Ocupar

1. Tomar posesión de un lugar.
   Han ocupado una casa abandonada.

2. Desempeñar un empleo.
   Ocupa un puesto muy importante.

3. Tener una determinada situación.
   Mi equipo ocupa el primer lugar.

Ocuparse

1. Emplearse en un trabajo o tarea.
   Yo me ocuparé de este asunto.

2. Preocuparse por alguien, prestarle atención.
   ¿Quién se va a ocupar del niño?

Ocurrir

1. Suceder.
   ¿Qué ocurre?

Ocurrirse

1. Tener una idea.
   Se le ocurrió algo genial.

2. Énfasis pronominal.

Algunos verbos no reflexivos pueden utilizar pronombres reflexivos para enfatizar sus significados. El énfasis refuerza a veces la información de cantidad que da el verbo.

> *Me comí tres hamburguesas y un trozo de tarta.*
> *Me fumé dos paquetes de tabaco.*

En otras ocasiones se realza el contenido cualitativo más que el cuantitativo.

> *Se sabe todas las lecciones muy bien.*
> *Se conoce la historia de España perfectamente.*

3. Protagonismo pronominal.

Ciertos usos pronominales consiguen que el «yo» se convierta en el actor principal de la acción, cuando este protagonismo correspondería realmente a otra persona.

> *Me estoy construyendo una pista de tenis.*
> *Me he operado la nariz.*
> *Me voy a instalar una antena parabólica.*

4. Verbos de movimiento.

Estos verbos no llevan pronombre cuando en ellos predomina la información sobre el destino *(voy a Granada mañana)*. En cambio, van con pronombre cuando prima la información sobre el origen *(me voy de Granada mañana)*.

Expresado en términos prepositivos, se trata de la oposición del adónde frente al de dónde.

Esta norma explica igualmente las diferencias de uso entre: *venir/venirse; marchar/marcharse; volver/volverse; llevar/llevarse; traer/traerse.*

Ⓑ EJERCICIOS

a) **Utiliza el pronombre en los espacios donde sea posible o necesario.**

1. *Me enfadan muchísimo las personas que   quieren colar, porque no   gusta esperar.*

2. *Es normal que esté borracho.* _____ *bebió cinco güisquis.*

3. _____ *estoy haciendo un barco para dar la vuelta al mundo.*

4. *El agua* _____ *está saliendo de la cañería.*

5. *Es muy tímido. Cuando* _____ *preguntas algo,* _____ *corta.*

6. *Este chico es increíble.* _____ *hace cada día veinte kilómetros.*

7. *Para viajar a este país* _____ *tengo que poner tres vacunas diferentes.*

8. _____ *traeré al perro aquí lo más pronto posible.*

9. *Cuando vi aquello,* _____ *quedé congelado.*

10. _____ *he comprado una motocicleta fantástica.*

11. _____ *voy a cortar el pelo en la peluquería de Isa.*

12. _____ *vine del trabajo porque estaba muy enfermo.*

13. *¿Cuánto* _____ *queda para que comience la película?*

14. *La semana pasada empecé a leer* _____ *un libro buenísimo.*

15. *¡Ocupen* _____ *sus asientos por favor!*

16. *Nunca más* _____ *iré a este restaurante.*

17. *Todavía no sé con cuál quedar* _____ *de las dos camisas.*

18. _____ *preparé una ensalada riquísima.*

19. *Haz el favor de llevar* _____ *de aquí ahora mismo esto.*

20. *Hace ya diez años que su marido* _____ *murió.*

21. _____ *despidieron a Juan porque* _____ *ocupaba muy mal de su parcela.*

22. _____ *marchó de la fiesta sin despedir* _____ .

23. _____ *voy al hospital para quitar* _____ *la escayola.*

24. _____ *acuerdo muy bien de aquellas vacaciones.*

25. *Al pisar los cristales que había en el suelo,* _____ *cortó.*

26. _____ *gastó todo el dinero en las carreras de caballos.*

27. *¿Dónde* _____ *has quedado con Luisa?*

28. _____ *bailó un tango maravilloso.*

29. *El piloto español Carlos Sainz* _____ *ocupó finalmente la segunda posición.*

30. *De esta estancia voy a llevar* _____ *un gran recuerdo.*

QUÉ ME CUENTAS

Elige alguna de las expresiones idiomáticas del verbo *hacer* **para dar sentido a las frases.**

Hacer gala de algo

Hacer sombra a alguien

Hacer novillos

Hacer el tonto

Hacer la pelota

Hacer la pascua a alguien

Hacer castillos en el aire

Hacer la vista gorda

Hacer buenas migas

Hacer tilín

1. *Me expulsaron de clase por _____ .*
2. *Alicia y yo desde el principio de nuestra relación _____ .*
3. *Es un presumido. Constantemente _____ sus conocimientos.*
4. *Sé quién ha sido. Sin embargo, voy a _____ .*
5. *Mañana _____ para preparar mejor el examen del viernes.*
6. *Le he confesado a María que me _____ .*
7. *Creo que se comporta tan sumisamente para _____ a sus superiores.*
8. *Destaca tanto por su inteligencia que _____ al mismísimo profesor.*
9. *Si se confirman las noticias sobre la huelga de aviones, me _____ .*
10. *Hay que ser más realistas, y no _____ tan frecuentemente.*

CLAVE
DE LOS
EJERCICIOS

Advertencias para la consulta de la clave:

1. Cuando hay dos o más formas separadas por comas, todas nos parecen correctas.

2. Las soluciones dadas en los ejercicios en los que hay que terminar las frases incompletas, son solamente algunas de las posibilidades que se ofrecen como modelo.

3. Las formas entre paréntesis nos parecen válidas, pero menos normales o incluso raras en esos contextos.

UNIDAD 1

Ejercicio B.a)

1. fui / gustó; 2. tenía / estaba; 3. has empezado; 4. llevaba / arreglé; 5. ha atropellado / cruzaba; 6. estuvo, estaba / hizo, hacía; 7. éramos / atemorizaba; 8. has probado / probé; 9. lloraba / lloraba / lloraba / cogí; 10. pasaba / estaba; 11. he escuchado; 12. podía; 13. robó / había; 14. ha sido, era / he acertado; 15. había, hubo / cabía, cupo; 16. había, hubo / quebró; 17. he descansado / hacía; 18. tenía; 19. era / falló; 20. se encerraron / exigían; 21. concluimos / estaba; 22. aseguró, aseguraba / guardó, guardaba; 23. retiró / han puesto; 24. se ha consolidado / han concedido; 25. se declaró / se propagó; 26. cancelé / acompañaba; 27. venía, he venido; 28. escondía / han advertido; 29. me ausenté / estaba; 30. dormía / despertó; 31. ha influido, influyó / ha cambiado, cambió; 32. esperaba / ha sorprendido, sorprendió; 33. reventaba / hizo, ha hecho; 34. se realizaba / se ha pospuesto; 35. jugaba / se averió; 36. creía / sabía / era; 37. se ha librado, se libró / tocaba; 38. gustaba, gustó / se oponía, se ha opuesto; 39. he devuelto / quedaban; 40. ha caído; 41. tenía / rodeaba; 42. rebosaba / entré; 43. suponía, supuse / había; 44. salió / pasaba, pasó; 45. has sido; 46. se acercaba / me ponía; 47. traía, he traído / ha pedido; 48. pasaban / pitó; 49. he reído; 50. se llevaban / han dejado.

Ejercicio B.b)

me he encontrado; me he llevado; hemos tomado; hemos recordado; hemos mantenido; ha preguntado; recordaba; lloraba; entraba; tenía; vencí, vencía; ayudó, ayudaba; era, fue; explicaba, explicó; debía; había; tuve; pensaba, pensé; ahogaba; sacó; hizo; salvó; ha sido; hemos quedado.

Ejercicio B.c)

tuve; estaba; me encontraba; cogí; se titulaba; empecé; estaban; era; pasaba; había; intenté; hacía; decidí; necesitaba; entré; bebían; tomé; conducía; bajé; persiguieron; deshice; veía; oía; seguí; era; fumaban; tocaban; me he despertado; guiñaba; sacaba; he contado; han dicho.

Ejercicio C

1.b (significa que durmió muy bien); 2.a (significa que llega muy tarde); 3.b (significa dar la opinión con total claridad); 4.c (significa que está totalmente enamorado de ella); 5.b (significa que quiere que se alejen de él esas personas); 6.a (significa que lo recibieron muy bien); 7.b (significa que tiene dudas); 8.a (significa que su preocupación es máxima); 9.b (significa que la persona cree que se están burlando de ella); 10.b (significa que el dolor era intensísimo).

UNIDAD 2

Ejercicio B.a)

1. es / son. 2. es / está; 3. está; 4. está; 5. están; 6. es / está; 7. estoy / es; 8. es / estar; 9. es; 10. son / están; 11. está / es; 12. están; 13. está; 14. son; 15. está / es; 16. es / estoy; 17. es / estar; 18. son; 19. está / es; 20. estar / estás / eres; 21. son; 22. está / estar; 23. es / estoy; 24. está / es; 25. fue / era; 26. es / es; 27. es / son; 28. están / están; 29. es; 30. está.

Ejercicio B.b)

1. estaba; 2. estaba; 3. es; 4. es; 5. estoy; 6. son; 7. es; 8. está; 9. estar; 10. está; 11. estaba; 12. es; 13. es; 14. está; 15. estoy; 16. estoy; 17. están; 18. estará; 19. estás; 20. es; 21. están; 22. es; 23. ha sido; 24. es; 25. está.

Ejercicio B.c)

fue; eran; ser; será; será; han estado; ser; ha sido, fue, era, es; está; es; estaba, está; era, soy; estaba; son; era, fue; estaba, estuve; era; era; Estoy; estoy.

Ejercicio B.d)

Está a tiro de piedra (= muy cerca); estaba a tope (= completamente lleno); era un mundo (= diferente); estaba como una cabra (= loco); estaba en las nubes (= distraído, sin prestar atención); es coser y cantar (= muy fácil); estábamos de cháchara (= hablando); era un monumento (= muy guapo); era el vivo retrato (= muy parecido); está.

Ejercicio C

1.c; 2.a; 3.a; 4.c; 5.b; 6.a; 7.b; 8.a; 9.c; 10.a.

UNIDAD 3

Ejercicio B.a)

1. eres; 2. ha sido; 3. está; 4. es; 5. ha sido; 6. es; 7. estaré; 8. está; 9. fue; 10. es; 11. está; 12. está / está; 13. fueron; 14. ha sido, está; 15. son; 16. fue; 17. es; 18. es; 19. fue; 20. está; 21. estoy; 22. sea; 23. es; 24. ha sido; 25. fue; 26. ha sido, fue; 27. estoy; 28. está; 29. está; 30. estarías; 31. es; 32. están; 33. son; 34. está; 35. fue; 36. estoy; 37. son; 38. es; 39. estoy; 40. sean; 41. ha sido; 42. es; 43. ha sido, fue; 44. estoy; 45. están; 46. es; 47. estoy; 48. ha sido, fue, será; 49. son; 50. estoy.

estaba; ha sido; estaba; estaba; fue; fue; estar; fueron; está; han sido; estén; ha sido; está; está.

Ejercicio B.c)

1. no; 2. sí; 3. sí; 4. sí; 5. sí; 6. no; 7. no; 8. no; 9. sí; 10. sí; 11. no; 12. sí; 13. sí; 14. no; 15. sí; 16. sí; 17. no; 18. sí; 19. sí; 20. sí.

Ejercicio C

1.c; 2.a; 3.a; 4.c; 5.c; 6.c; 7.b; 8.a.

UNIDAD 4

Ejercicio B.a)

1. llueve; 2. se retrasa, se retrase; 3. satisficiera; 4. contesten; 5. sea; 6. funciona, funcione; 7. acepto; 8. ha pensado, haya pensado; 9. esté; 10. quitan; 11. elijo, elija; 12. fue, fuera; 13. sirva, sirviera; 14. subo; 15. estén; 16. debes, debas; 17. asciendan, ascendieran; 18. estuvo; 19. me animo; 20. convenzo, convenza; 21. decido; 22. sentara; 23. trasladan, trasladen; 24. paso; 25. escuchara.

Ejercicio B.b)

1. sea, fuera, hubiera sido; 2. viviera, hubiera vivido; 3. se arruine, se arruinara / se quede, se quedara; 4. sea; 5. regale, regalara, hubiera regalado; 6. estuviera, hubiera estado; 7. hubiera caído; 8. bendiga; 9. diluvie, diluviara / fastidie, fastidiara; 10. hubiera visto; 11. salga, saliera; 12. llevara, hubiera llevado; 13. publiquen, publicaran; 14. hubiera dado; 15. dejes; 16. inunde, inundara; 17. estuviera; 18. hayan vendido; 19. siente, sentara / tenga, tuviera; 20. tengáis; 21. duelan, dolieran; 22. se resuelva, se resolviera; 23. tuviera, hubiera tenido; 24. me equivoque, me hubiera equivocado; 25. hubiera aprovechado.

Ejercicio B.c)

1. ¡Ojalá aparezca!; 2. ¡Ojalá ganemos!; 3. ¡Ojalá me toque!; 4. ¡Ojalá no dé positivo!; 5. ¡Ojalá la encuentre!; 6. ¡Ojalá no haya venido!; 7. ¡Ojalá no me pregunten a mí!; 8. ¡Ojalá le vaya muy bien!; 9. ¡Ojalá el año próximo salga tan bien!; 10. ¡Ojalá sea él!; 11. ¡Ojalá me ayuden a recuperarme!; 12. ¡Ojalá no sea nada!; 13. ¡Ojalá se resuelva pronto!; 14. ¡Ojalá no hubiera errado!; 15. ¡Ojalá no me hubiera visto!

Ejercicio C

1. cuestiones; 2. faena, tarea, trabajo; 3. temas, cuestiones, aspectos; 4. característica, hecho, defecto; 5. objetos, trastos, cachivaches; 6. noticias; 7. pieza; 8. asunto, cuestión;

9. preocupaciones; 10. metas, objetivos; 11. obstáculos, dificultades, inconvenientes; 12. producto; 13. instrumentos, materiales, herramientas, utensilios; 14. mijilla.

Ejercicio B.a)

1. arregle; 2. sea; 3. quitaran; 4. llame; 5. localizaran; 6. asciendan; 7. dé; 8. se escape; 9. mejore; 10. trate; 11. pase; 12. oigamos; 13. derrames; 14. respeten; 15. llamen; 16. explicara; 17. dejara; 18. vea; 19. se pegaran; 20. vengan; 21. aumentara; 22. fuera; 23. nieve; 24. examine; 25. malinterpretara; 26. crezcas; 27. informaran; 28. certifiquen; 29. quede; 30. se agoten; 31. doliera; 32. se reduzca; 33. supiera; 34. metas; 35. abra; 36. se convenza; 37. mires; 38. prohibieran; 39. veamos; 40. se cruce.

Ejercicio B.b)

1. no los reconocieran; 2. te marees; 3. se rebajara la tensión; 4. le atendieran mejor; 5. no les haya sucedido nada; 6. volvieran a salir; 7. se le vayan todas las manchas; 8. no se escape el gato; 9. te resfríes; 10. contara la verdad.

Ejercicio C

1. desobedecen; 2. rehúsa, rechaza; 3. sucumbió a, cedió a, se doblegó a; 4. carece de; 5. cambió, modificó, alteró, varió; 6. fracasó; 7. descuida, desatiende; 8. denegado, 9. rectifica, enmienda; 10. desaconsejo; 11. desoír; 12. fallará.

Ejercicio B.a)

1. tuviera; 2. haya perdido; 3. sobre; 4. ejemplifica; 5. es; 6. expulsara; 7. entran; 8. métete; 9. comunicaremos; 10. pienso; 11. recete, haya recetado; 12. vendrá; 13. está; 14. bájalas; 15. me bañara; 16. tenga; 17. logrará; 18. se crea; 19. acuéstate; 20. tocara; 21. estén; 22. prepárate; 23. me quedo; 24. es; 25. fuera; 26. dámelo; 27. llamara; 28. hay, habrá; 29. funcione, haya funcionado; 30. me subo, me subiré; 31. pensamos, pensábamos; 32. convenció; 33. pueda; 34. se rompe; 35. arregle, haya arreglado; 36. haré; 37. dejé; 38. se tarde, se haya tardado; 39. se pusieran; 40. siéntate; 41. comeremos; 42. considere, haya considerado; 43. sea; 44. da; 45. se conforma, se conformará; 46. pasaba, pasó, ha pasado; 47. trátame; 48. se salieran; 49. tuviera; 50. se ha declarado, se declaró, se declarará.

Ejercicio B.b)

1. discutan continuamente; 2. lo comprobaré por mí mismo; 3. lo castigaran tan severamente; 4. no entiendes nada; 5. tendré que volver a examinarme en septiembre; 6. medí-

tala muy bien; 7. le pareció bien nuestra sugerencia; 8. repártelas; 9. aquí hay mucha afición; 10. es fácil desorientarse.

Ejercicio C

1. va; 2. queda; 3. comprende; 4. captado, entendido, comprendido; 5. recoge; 6. cabe; 7. ponte, llévate; 8. pillado; 9. toma; 10. escoge, elige; 11. guardadme; 12. agárrate, sujétate.

UNIDAD 7

Ejercicio B.a)

1. haga; 2. me harte; 3. tenía; 4. incurra; 5. hablo, hable; 6. pida; 7. trabajes; 8. supo; 9. llegue, haya llegado; 10. llegué; 11. pida; 12. pidiera; 13. tengas; 14. llueve; 15. habla; 16. tenga; 17. puedo; 18. pierdes; 19. respondiera, hubiera respondido; 20. suba; 21. me enfade; 22. vea; 23. canta, cante; 24. coja, haya cogido; 25. tengas; 26. tuve, tenía; 27. vi; 28. duele, duela; 29. mira; 30. se enteró; 31. pruebes, hayas probado; 32. corro; 33. te examines, te hayas examinado; 34. entrara, hubiera entrado; 35. hablo; 36. sea; 37. venga; 38. cruce, haya cruzado; 39. abre; 40. termine, haya terminado; 41. escuche; 42. terminara; 43. pueda; 44. venciera; 45. conoces; 46. consiga; 47. se puso; 48. prometo; 49. se conocieron; 50. den.

Ejercicio B.b)

1. viajo; 2. miraba; 3. pida, haya pedido; 4. explicaba; 5. traigas; 6. me ducho; 7. acabas; 8. sigas; 9. mantenga; 10. estabais; 11. pague; 12. trabajaba; 13. acepten, hayan aceptado; 14. cambie; 15. exista.

Ejercicio C

1. mide; 2. causado, producido, provocado; 3. atraen, consiguen; 4. cuenta con; 5. comparto; 6. mantiene, conserva; 7. ocupa, desempeña; 8. lleva; 9. luce; 10. alcanzar, conseguir, lograr; 11. conseguido, logrado, alcanzado, obtenido; 12. conlleva, entraña; 13. acarreado, provocado, causado; 14. contiene, lleva; 15. desprende, despide.

UNIDAD 8

Ejercicio B.a)

1. hubieras seguido; 2. apruebes, hayas aprobado; 3. seas; 4. necesitas, necesitaras; 5. pudiera; 6. dejes; 7. hubiera estado; 8. regrese, haya regresado; 9. leas, hayas leído; 10. estudiaras, hubieras estudiado; 11. apetece, apeteciera; 12. descubre, descubriera, hubiera descubierto; 13. confiéis; 14. funcione; 15. sigas; 16. llegara, llego; 17. cumples; 18. vea; 19. haya; 20. decidáis, decidiérais; 21. dé; 22. vas, fueras; 23. está; 24. escriba; 25. lle-

gue; 26. quisiera; 27. estén; 28. telefonee; 29. provoques; 30. fuera; 31. sabes; 32. ayudaras; 33. hubiera sabido; 34. pregunte; 35. tengas; 36. se averíe, se averiara; 37. diluvie; 38. hubieras mirado; 39. hubieras ido; 40. consiga; 41. venza; 42. soy; 43. tenga; 44. pudiera; 45. hubiera mejorado; 46. te acuerdas; 47. surja; 48. se suspenda; 49. termine; 50. pase.

Ejercicio B.b)

1. hubiéramos tenido suficiente dinero; 2. viene a la casa; 3. avísame con tiempo; 4. no nos habrían engañado; 5. no habríamos llegado; 6. te duele el estómago; 7. tendrá que pasar por el quirófano; 8. hubiera plazas libres; 9. encontrara trabajo pronto; 10. no bebas.

Ejercicio C

1. aterrizó; 2. sale; 3. cobra; 4. sobran; 5. sacaron de; 6. incumplen, desobedecen; 7. escasean; 8. rechazamos; 9. restar, quitar; 10. me alegro; 11. abucheó; 12. inquieta.

UNIDAD 9

Ejercicio B.a)

1. tienen; 2. quiere; 3. sabes; 4. sobre, ha sobrado; 5. prometió, había prometido; 6. se juega, se jugará; 7. tiene; 8. tenga; 9. gustaron, gustaba; 10. contaste; 11. encantan; 12. mereces, merezcas; 13. están, estén; 14. siembra; 15. estaban; 16. estudian, estudien; 17. creen; 18. pasara; 19. empieza; 20. expliqué, había explicado; 21. pueda; 22. tuviera; 23. dijiste; 24. dé; 25. desees; 26. se arrima; 27. se encuentre; 28. falten; 29. he hablado, hablé; 30. tengo; 31. lleguen; 32. dé; 33. cree; 34. convenza; 35. servía; 36. esperes, esperas; 37. sea, fuera; 38. obtenga, haya obtenido; 39. persigue; 40. pedí; 41. sepa; 42. quita; 43. van; 44. demostraron; 45. recoge; 46. conozca; 47. hable; 48. digas; 49. pueda; 50. hablan.

Ejercicio B.b)

1. guste; 2. preguntó; 3. consiga; 4. entienda; 5. quedamos; 6. puedan; 7. tengo, tenga; 8. se porten; 9. fueran; 10. estaban; 11. crea; 12. fueran; 13. proporcione; 14. pediste; 15. venza; 16. está cosechando, coseche; 17. hicieran; 18. cocine; 19. hablan; 20. he ido; 21. están, estén; 22. produzca; 23. sabemos; 24. acudieron; 25. depende, dependa; 26. atraiga; 27. tuve; 28. llueva; 29. aconsejaron; 30. haga.

Ejercicio C

1.f; 2.h; 3.c; 4.e; 5.b; 6.a; 7.d; 8.g.

Ejercicio B.a)

1. notifique / hará; 2. malinterpretes / guste / es; 3. es / digamos; 4. te marchas; 5. mejora / sea; 6. asista / pensaré; 7. hayan cobrado; 8. gritan; 9. engaña / es; 10. sepa; 11. vendrá / pase; 12. puedes / es; 13. llueva; 14. había sido, fue / hizo; 15. gaste; 16. hay; 17. resultara; 18. estés; 19. haremos; 20. tengas / disculpes; 21. debemos; 22. regalara; 23. permitas / diga; 24. toques; 25. pasara; 26. era / creyera; 27. hubiera; 28. son / te casas; 29. des; 30. desapareciera; 31. digas / es; 32. tiene; 33. estarás / fueras; 34. se portara / recibiera; 35. cambiara / dure; 36. está / habrá; 37. vayas / vayas; 38. haya cumplido, cumpliera / haya hecho, hiciera; 39. sea / acompañes; 40. debo. 41. contara; 42. esperara; 43. vive; 44. tocas; 45. se retrasen; 46. habrán salido; 47. convocará; 48. elijan; 49. se va / echen; 50. traería.

Ejercicio B.b)

1. faltó; 2. hayas encontrado, encontraras, encuentres; 3. haré; 4. recojas; 5. es, será; 6. hable; 7. van; 8. guste; 9. engendra; 10. prepares.

Ejercicio C

1. se me hace la boca agua; 2. me lo has quitado de la boca (significa que alguien dice algo que estabas a punto de decir tú); 3. tengo buena boca (significa que no soy delicado con la comida porque como de todo); 4. es un bocazas (es un provocador cuando habla); 5. a pedir de boca (salió muy bien); 6. no abre la boca (no habla nada); 7. buscarle la boca (para provocar); 8. ande de boca en boca (muchas personas comentan sus acciones, hablan de él); 9. meterte en la boca del lobo (ir a donde está el peligro, a donde se sabe que hay problemas o situaciones comprometidas); 10. por la boca muere el pez (una persona queda en evidencia delante de los otros, cuando se descubre que hace todo lo contrario de lo que antes ha dicho).

Ejercicio B.a)

1. estudie, (estudio); 2. estoy, (esté); 3. faltaras, (faltaste); 4. tuvieras / usarías; 5. haya; 6. fuera / saldrías; 7. parece, parezca; 8. invite, invitara; 9. hubiera escrito, escriba, escribiera / habría contestado, contestaré, contestaría; 10. fuera; 11. vivo, (viva); 12. tenga, (tiene); 13. sea, (es); 14. me encuentro, (encuentre); 15. hiciera / regresaría; 16. venga, (vengo); 17. hayas perdido, (has perdido); 18. conoce, (conozca); 19. hubiera sabido / habría dicho; 20. tenga, (tengo).

Ejercicio B.b)

1. era, (fuera); 2. salí, (saliera); 3. viniera, (vino); 4. se suspendiera, (se suspendió); 5. hayan encontrado, (han encontrado); 6. queda; 7. está; 8. haya dejado, (ha dejado); 9. haya,

hubiera / vendré, vendría; 10. hubiera tocado / habría seguido, seguiría; 11. vamos a visitar; 12. se hubiera roto, (se ha roto); 13. tengo; 14. tuviera; 15. ganen, (ganarán); 16. baje, (baja); 17. duela, (duele); 18. puedo, (pueda); 19. se hubiera dado cuenta / no habría pasado; 20. comprendo, (comprenda).

Ejercicio B.c)

1. se crea; 2. estabas; 3. se vuelva; 4. esté; 5. cueste; 6. echen; 7. resulte; 8. tenía; 9. descubra; 10. esté; 11. sabía; 12. guste; 13. se ponga; 14. había advertido, advertí; 15. quiera, (quiero); 16. mido; 17. ofrezcas; 18. parezca; 19. moleste; 20. pone.

Ejercicio C

1.c; 2.c; 3.a; 4.c; 5.a; 6.c; 7.b; 8.c.

UNIDAD 12

Ejercicio B.a)

1. vienen a costar; 2. volverá a estudiar, empezará a estudiar, va a estudiar; 3. ponte a hacer, empieza a hacer; 4. se ha puesto a nevar, vuelve a nevar; 5. ha vuelto a caer; 6. vendrán a ser; 7. se puso a pintar, se metió a pintar; 8. iba a poner; 9. empezó a gritar, se puso a gritar, se lió a gritar; 10. vas a aceptar; 11. vuelves a mentir; 12. se ha metido a dar; 13. se vienen a tardar; 14. echó a correr, empezó a correr, se puso a correr, se lió a correr; 15. vas a permitir; 16. va a parar; 17. volveré a visitar; 18. me lié a corregir, me puse a corregir, empecé a corregir; 19. vengo a ganar; 20. iba a decir; 21. se liaron a echar, empezaron a echar; 22. vuelve a intentarlo; 23. se metió a lavar, se puso a lavar; 24. empieza a comer, ponte a comer; 25. viene a obtener, va a obtener; 26. vino a confirmar, (volvió a confirmar); 27. echó a volar; 28. volver a oír, empezar a oír; 29. vas a leer, ibas a leer; 30. vengo a opinar; 31. se lió a dar, se puso a dar, empezó a; 32. rompió a llorar, se puso a llorar, se lió a llorar, empezó a llorar; 33. volver a tocar, empezar a tocar; 34. iba a decir; 35. viene a ser; 36. me voy a poner a pelar, voy a empezar a pelar; 37. se pone a discutir, se mete a discutir, se lía a discutir, empieza a discutir; 38. viene a ser, vuelve a ser; 39. iba a detener; 40. volvería a actuar, vendría a actuar; 41. echó a andar, empezó a andar; 42. va a parar; 43. se pone a contar, se lía a contar, empieza a contar; 44. se metió a cambiar, se puso a cambiar, empezó a cambiar; 45. han vuelto a bajar, han venido a bajar; 46. se lió a llover, se puso a llover, empezó a llover; 47. volveremos a ver; 48. romperá a reír, se liará a reír, empezará a reír; 49. iba a pensar; 50. vuelven a pedir.

Ejercicio B.b)

1. Iba a llamarte esta misma tarde; 2. ¿Por qué te metes a cocinar, si no sabes ni calentarte la leche?; 3. Voy a ponerme a limpiar y ordenar la casa ya; 4. ¡Quién lo iba a pensar! 5. Lo siento. Es que me he liado a hablar por teléfono y no me he dado cuenta de la hora. 6. ¿Quién ha pagado? Iba a invitaros yo; 7. Vine a perder unas quinientas mil pesetas; 8. Vuelve a dar problemas.

Ejercicio C

1. subió, bajó; 2. rodé, caí; 3. frenó, aceleró; 4. bucear; 5. tirarse; 6. se cayó; 7. metiendo; 8. han chocado, han colisionado; 9. vamos a estrellar; 10. llevarme; 11. se tambaleó; 12. se derrumbara, se desplomara, se cayera, se hundiera; 13. se aparta, se agacha; 14. agacharse; 15. he resbalado; 16. inclinarse; 17. asestó; 18. vagó, deambuló; 19. saltar; 20. cojea; 21. dio.

UNIDAD 13

Ejercicio B.a)

1. deja de llover; 2. se hartó de fumar; 3. debe de ser; 4. acaba de llegar; 5. te acabarás habituando, llegarás a habituarte; 6. deja de meterte; 7. voy a hincharme a bailar; 8. acaba de llamar; 9. debe de tener; 10. se infla de comer; 11. llegará a ser, debe de ser; 12. acaba de salir; 13. deja de jugar; 14. me harté de empollar; 15. dejes de escribirme; 16. debe de ser; 17. llegó a besarme; 18. me inflé de caminar; 19. acabará pidiendo; 20. deben de ser; 21. deben de estar; 22. me he hinchado de ver; 23. llego a saberlo; 24. ha dejado de escribir; 25. debe de pasarle; 26. me he hartado de nadar; 27. llegará a alcanzar, acabará por alcanzar; 28. llega a aparecer; 29. acaba de decir; 30. ha llegado a gustar; 31. llegue a hacerse; 32. me he inflado de dormir; 33. deben de estar; 34. ha dejado de salir; 35. acabarán entregándose; 36. no deja de perseguir; 37. llegar a trabajar; 38. debe de costar; 39. acababa de acostarme; 40. debía de pasar; 41. llegamos a considerar; 42. debe de conocer; 43. me voy a hartar de leer; 44. acaba de empezar; 45. llego a salir; 46. acabará dándome; 47. acabarás lamentándote; 48. debe de tener; 49. llegará a ocupar, acabará ocupando; 50. debe de ser.

Ejercicio B.b)

1. Debía de ir a una fiesta de disfraces; 2. Debe de confundirme con alguien; 3. Debe de haber mucho tráfico; 4. Debe de haberle tocado la lotería; 5. Debe de haber una pelea; 6. Debía de ser una equivocación; 7. Debe de tratarse de una broma; 8. Debo de estar soñando; 9. Debe de ser un error.

Ejercicio C

1. ¡Vaya por Dios! (= expresión de lamento); 2. Dios te oiga (= expresión de deseo); 3. Sin encomendarse ni a Dios ni al diablo (= sin pensarlo); 4. A la buena de Dios (= de forma ligera y sin prestarle mucha atención); 5. Con Dios y ayuda (= son los dos factores de los que depende conseguir algo de difícil logro); 6. Dios quiera que (= expresión de deseo); 7. Sabe Dios en qué estarías pensando (= expresión para cuando se producen equívocos de palabras que se parecen mucho en la forma pero nada en su contenido); 8. Gracias a Dios (= afortunadamente, menos mal que); 9. Ha estado dejado de la mano de Dios (= abandonado); 10. Como Dios manda (= correctamente); 11. Como Dios me dio a entender (= no sé cómo, pero lo hice); 12. Dios dirá (= mañana ya veremos lo que pasa, ahora no quiero pensar sobre este tema); 13. Dios aprieta, pero no ahoga (= expresión que se usa en un momento de muchísima angustia al hallarse la persona en algún

tipo de situación límite muy problemática. Con ella se viene a indicar que esos males serán los últimos, y que no vendrá ninguno peor); 14. Que Dios reparta suerte (= que sea Dios el que imparta justicia, considerándole como el mejor juez).

UNIDAD 14

Ejercicio B.a)

1. hay que vivir; 2. lleva pensando; 3. ir adelantando; 4. hay que hablar, tienes que hablar; 5. lleva residiendo; 6. sigues armando; 7. estaré recorriendo; 8. debes hablar, tienes que hablar; 9. tienes que ver, debes ver; 10. va quedándose, está quedándose; 11. seguirá cantando, tiene que cantar; 12. tuve que haberlo comprado, debí haberlo comprado; 13. tiene que haber finalizado, debe haber finalizado; 14. hay que oír; 15. ve encendiendo; 16. lleva tomando; 17. debe comer, tiene que comer; 18. estuvimos paseando; 19. tiene que doler; 20. va siendo; 21. seguirá subiendo; 22. tienes que disfrutar, debes disfrutar, sigue disfrutando; 23. estás marchando; 24. tengo que consultarlo, debo consultarlo; 25. lleva repitiendo; 26. va creciendo, sigue creciendo; 27. seguí insistiendo, estuve insistiendo; 28. tienes que visitar; 29. vas sacando; 30. estoy descubriendo, voy descubriendo; 31. hay que fastidiarse; 32. llevan saliendo; 33. tienes que descambiar, debes descambiar; 34. sigue yendo; 35. va desapareciendo, está desapareciendo, tiene que desaparecer; 36. hay que molestarlo; tienes que molestarlo / está concentrándose; 37. tiene que estar; 38. va aprendiendo, está aprendiendo; 39. tienes que echarle, debes echarle; 40. lleva investigando.

Ejercicio B.b)

1. ¡Dios mío!, ¡lo que hay que ver!; 2. Tienes que olvidarla; 3. Tiene que estar de viaje; 4. Las flores van marchitándose poco a poco; 5. Debería haber bebido menos; 6. ¡Hay que fastidiarse!; 7. ¡Ya te estás levantando!; 8. Está dejando de llover.

Ejercicio B.c)

1. debo presentarme = obligativa; 2. se viene a denominar = aproximativa; 3. estoy purificándome = durativa; 4. he dejado de fumar = terminativa; 5. vuelvo a disfrutar = repetitiva; 6. no tengo que preocuparme = obligativa; 7. rompe a llorar = incoativa; 8. acaba de darse = terminativa; 9. seguir divirtiéndose = durativa; 10. me ponía a reflexionar = incoativa; 11. acababa adoptando = terminativa; 12. llegar a tener = terminativa; 13. viniendo a costar = aproximativa; 14. debe creerme = obligativa; 15. van entrando = durativa; 16. van abandonando = durativa; 17. hartarse de ver = exagerativa; 18. hay que seguir = obligativa; 19. seguir robándole = durativa.

Ejercicio C

1.d; 2.g; 3.c; 4.i; 5.a; 6.h; 7.j; 8.f; 9.b; 10.e.

Ejercicio B.a)

1. para; 2. para / para; 3. por / por / por; 4. para; 5. por / por; 6. para / por; 7. por / por; 8. por / para; 9. para / para; 10. para; 11. por; 12. para; 13. por; 14. por, para; 15. para / por; 16. por / para; 17. para; 18. para; 19. para; 20. para / por; 21. para; 22. por / para; 23. para; 24. para; 25. por; 26. por / por; 27. por / para; 28. para; 29. por / para; 30. por; 31. por / para; 32. para; 33. por; 34. por / por; 35. por / para; 36. para / por; 37. por; 38. por / por; 39. para / para; 40. por / por; 41. para / para; 42. para; 43. para; 44. por; 45. para / por, para; 46. para / por; 47. por / por; 48. para; 49. por / por; 50. por.

Ejercicio B.b)

1. para; 2. por; 3. para; 4. para; 5. por; 6. para; 7. para; 8. para; 9. para; 10. por; 11. por; 12. por; 13. para; 14. por; 15. para.

Ejercicio B.c)

I. El error está en la tercera frase; II. La primera frase es errónea; III. La tercera es errónea; IV. La segunda es errónea; V. La primera es errónea; VI. La primera es errónea; VII. La primera es errónea; VIII. La segunda es errónea.

Ejercicio C

1.a; 2.c; 3.a; 4.c; 5.b; 6.c; 7.b; 8.a.

Ejercicio B.a)

1. se lo; 2. me lo; 3. se las; 4. se lo; 5. nos la; 6. nos lo; 7. se la; 8. nos lo; 9. se la; 10. se lo; 11. me la; 12. te lo; 13. se lo; 14. lo, le; 15. se la; 16. los, les; 17. me la; 18. lo, le; 19. lo, le; 20. se la; 21. la; 22. me lo; 23. se lo; 24. lo, le; 25. se lo; 26. se la; 27. la; 28. me la; 29. nos; 30. lo, le.

Ejercicio B.b)

1. no se puede; 2. no se puede / sí se puede; 3. no; 4. sí; 5. no / no; 6. sí; 7. sí; 8. no; 9. no; 10. no; 11. sí / no; 12. no; 13. sí; 14. no; 15. sí; 16. no; 17. sí; 18. no; 19. no; 20. sí.

Ejercicio C

1.a; 2.b; 3.a; 4.b; 5.a; 6.b; 7.a; 8.b; 9.a; 10.c.

Ejercicio B.a)

1. se / les; 2. se; 3. me; 4. se; 5. le / se; 6. se; 7. me; 8. me; 9. me; 10. me; 11. me; 12. me; 13. no hay pronombre; 14. me; 15. no hay pronombre; 16. no hay pronombre; 17. me; 18. me; 19. te; 20. se; 21. no hay pronombre / se; 22. se / se; 23. no hay pronombre / me; 24. me; 25. se; 26. se; 27. no hay pronombre; 28. se; 29. no hay pronombre; 30. me.

Ejercicio C

1. Hacer el tonto (significa que alguien hace tonterías); 2. hacemos buenas migas (significa que dos o más personas se llevan muy bien); 3. hace gala de (significa que presume de algo); 4. hacer la vista gorda (significa que va a fingir que no ha visto algo); 5. haré novillos (significa que no irá a clase); 6. hace tilín (significa que le gusta mucho); 7. hacer la pelota (significa que se comporta así para agradar o adular a sus superiores para poder, de esta forma, obtener algún beneficio); 8. hace sombra (significa que él es tan inteligente que oscurece al profesor, restándole protagonismo); 9. me harán la pascua (significa que van a causarle fastidio o molestia); 10. hacer castillos en el aire (significa hacerse ilusiones vanas o demasiado exageradas).

CARLOS G. MEDINA MONTERO

OBRAS DEL AUTOR:

SIN DUDA

Usos del español: teoría y práctica comunicativa

Nivel intermedio

COMO LO OYES

Usos del español: teoría y práctica comunicativa

Nivel superior